Crashkurs Kommune 2

Michael Faber

Kein Buch mit sieben Siegeln – Der kommunale Haushalt

Michael Faber ist 1981 geboren und Jurist. Er hat eine Doktorarbeit auf dem Gebiet des kommunalen Haushalts- und Finanzrechtes geschrieben, die sich insbesondere mit den aufsichtsbehördlichen Einwirkungsbefugnissen auf die kommunale Selbstverwaltung in Zeiten einer Haushaltsnotlage befasst. Michael Faber begann seine kommunalpolitische Arbeit bei der unabhängigen Wählervereinigung Junge Alternative Zülpich (JA), für die er im Rat der Stadt Zülpich saß. Für DIE LINKE. Bonn war Michael Faber im Jahr 2009 Oberbürgermeisterkandidat und ist nunmehr Vorsitzender der Linksfraktion im Rat der Bundesstadt Bonn.

Michael Faber

Kein Buch mit sieben Siegeln

Der kommunale Haushalt

Crashkurs Kommune 2
Herausgegeben von Katharina Weise

In Kooperation mit der Kommunalakademie
der Rosa Luxemburg Stiftung

VSA: Verlag Hamburg

www.vsa-verlag.de

www.kommunalakademie.rosalux.de

Kontakt:
Rosa-Luxemburg-Stiftung
Kommunalpolitische Bildung – Kommunalakademie
Franz-Mehring-Platz 1, 10243 Berlin

Katharina Weise (Referentin Kommunalpolitische Bildung)
weise@rosalux.de; Telefon 030/44 31 04 70

Ann-Katrin Lebuhn
(Sachbearbeitung und Projektkoordination Politische Bildung)
lebuhn@rosalux.de; Tel. 030/44 31 04 75

Landesstiftungen und Regionalbüros der RLS
www.rosalux.de/cms/index.php?id=verbund

Linke kommunalpolitische Vereinigungen
www.rosalux.de/cms/index.php?id=15456

Titelfoto: Katharina Weise
Druck und Buchbindearbeiten: Idee, Satz & Druck, Hamburg
ISBN 978-3-89965-341-0

Inhalt

Vorwort

Mit dem kommunalen Haushalt werden zentrale Weichen für die Entwicklung vor Ort gestellt. Hier entscheidet sich, welche Spielräume kommunalen Entscheidungsträgerinnen und Entscheidungsträgern während eines Jahres verbleiben und in welche Richtung sich die Kommune entwickelt. Die schlichte Masse der Haushaltsentwürfe droht aber bereits viel kommunalpolitisches Engagement zu zerschlagen. Neben der Fülle an Informationen sind die Angaben oft intransparent und unverständlich für ehrenamtliche Kommunalpolitikerinnen und Kommunalpolitiker.

Im Hinblick auf die Bedeutung des Haushaltes sollte hier aber nicht der Kopf in den Sand gesteckt werden. Mit diesem Buch der Reihe »Crashkurs Kommune« sollen erste Grundkenntnisse des kommunalen Haushaltes vermittelt werden. Dabei wird der Schwerpunkt auf die → *Doppik* (verweist jeweils auf das Glossar, S. 96ff.), also die neue doppelte Buchführung der Kommunen, gelegt.

Kommunalrecht ist Landesrecht. Daraus folgt, dass es 13 verschiedene Rechtsgrundlagen für die kommunale Haushaltswirtschaft gibt. Hinzu kommen Spezifika, die sich aus der Sonderstellung der drei Stadtstaaten ergeben. Dieser Facettenreichtum landesspezifischer Ausprägungen zwingt dazu, sich in diesem Buch auf wesentliche länderübergreifende Aspekte zu beschränken.

Das Buch soll einen kleinen Beitrag dazu leisten, die nunmehr im ganzen Bundesgebiet agierenden linken AkteurInnen in Städten, Gemeinden und Kreisen zu befähigen, sachkompetent für eine soziale und gerechte Entwicklung vor Ort in den Haushaltsberatungen einzutreten. Eine moderne Linke muss schließlich sowohl international als auch lokal stark sein!

1. Die kommunale Haushaltsautonomie

1.1 Die Haushaltsautonomie als Ausdruck der kommunalen Selbstverwaltung

In Deutschland hat die *kommunale Selbstverwaltung* Verfassungsrang. Das Grundgesetz sichert den Städten und Gemeinden in Art. 28 II zu, dass sie die örtlichen Angelegenheiten in eigener Verantwortung erledigen können. Die Verfassung trifft hierbei gleich mehrere Wertungen. Neben der Festlegung, dass es Städte und Gemeinden im Staatsaufbau überhaupt geben muss, wird zugleich mit den »örtlichen Angelegenheiten« ein inhaltlicher Kompetenzbereich für die Kommunen umrissen. In den »Angelegenheiten der örtlichen Gemeinschaft«, also diejenigen, die einen lokalen Bezug aufweisen, ist nach dem Grundgesetz eine kommunale Zuständigkeit in Eigenverantwortung eröffnet. Konkret besitzen die Städte und Gemeinden deshalb spezifische Sachhoheiten. Diese formen den abstrakten Selbstverwaltungsgedanken konkret aus. Die verwaltungsinterne *Personalhoheit* oder aber auch die *Planungshoheit* für die Stadtentwicklung sind Beispiele für klassische Bereiche der kommunalen Selbstverwaltung.

Art. 28 II Grundgesetz im Wortlaut:
»Den Gemeinden muss das Recht gewährleistet sein, alle Angelegenheiten der örtlichen Gemeinschaft im Rahmen der Gesetze in eigener Verantwortung zu regeln. Auch die Gemeindeverbände haben im Rahmen ihres gesetzlichen Aufgabenbereiches nach Maßgabe der Gesetze das Recht der Selbstverwaltung. Die Gewährleistung der Selbstverwaltung umfasst auch die Grundlagen der finanziellen Eigenverantwortung; zu diesen Grundlagen gehört eine den Gemeinden mit Hebesatzrecht zustehende wirtschaftskraftbezogene Steuerquelle.«

Von besonderer Bedeutung ist der Grundsatz der kommunalen Haushalts- und Finanzhoheit. Selbstverwaltung erfordert, dass den Kommunen nicht nur inhaltliche Kompetenzen eröffnet sind. Wirkliche Handlungsfähigkeit und kommunale Souveränität bedarf finanzieller Mittel. Ohne finanzielle Grundlage verkommt Selbstverwaltung schließlich zur inhaltslosen Fassade. Deshalb wird dem Grundgesetz die Verpflichtung von Bund und insbesondere Ländern entnommen, den Kommunen die finanziellen Mittel zur Verfügung zu stellen, die sie für ihre Aufgaben benötigen.

Leider wird diesem Grundsatz durch die Praxis nicht entsprochen. Unausgeglichene und überschuldete Kommunalhaushalte allenthalben sprechen Bände über das Versagen der etablierten Politik, dem Auftrag des Grundgesetzes zur Sicherung der Kommunalfinanzen nachzukommen. Immerhin ist als leichte Verbesserung hervorzuheben, dass im Rahmen der Föderalismusreform 2006 durch eine Änderung des Grundgesetzes in Art. 84 Abs. I S. 7 die Aufgabenzuweisung vom Bund an die Kommunen verboten wurde. Der Bund kann den Kommunen keine Aufgaben mehr zuweisen. Wenn die Kommunen in die Pflicht genommen werden sollen, müssen dies die Länder tun. Diese sind aber mittlerweile alle durch entsprechende Klauseln ihrer Landesverfassungen verpflichtet, Kostenerstattungen im Sinne des → *Konnexitätsprinzips* vorzunehmen.

Konnexität – wer bestellt bezahlt!
Unter dem Begriff Konnexität versteht man den rechtlichen Grundsatz, dass die Zuweisung von Aufgaben nur dann zulässig ist, wenn man dafür auch die finanziellen Mittel bereitstellt. Mittlerweile sehen alle Landesverfassungen solche Verpflichtungen für den Fall vor, dass das Land den Kommunen Aufgaben überträgt. Dabei ist man aber häufig auf halber Strecke stehen geblieben. In der Regel reichen Kostenschätzungen aus, die, sofern sie sich später als falsch herausstellen, nicht rückwirkend aufgestockt werden müssen. Dennoch sollten Kommunalpolitikerinnen und Kommunalpolitiker aufmerksam sein: Kommt das Land den Verpflichtungen durch die Landesverfassung nicht nach, kann und sollte geklagt werden!

1.2 Wie finanziert sich die Kommune?

Finanzielle Mittel zur Aufgabenerfüllung werden den Kommunen vornehmlich durch Landeszuweisungen aus allgemeinen Steuermitteln zur Verfügung gestellt. Diese Zuweisungen berechnen sich von Land zu Land unterschiedlich. Häufig werden hierbei die Einwohnerzahl und andere Parameter, die den kommunalen Bedarf erfassen (sollen), zugrunde gelegt. Solche Faktoren sind beispielsweise die Schülerzahlen. Außerdem erhält die Kommune insbesondere durch die Realsteuern (Grund- und Gewerbesteuer) eigene Einnahmen. Hier kann sie durch die Hebesatzfestsetzung auch die Höhe der Einnahmen (mit-)bestimmen. Ein »Steuerfindungsrecht« für die Kommunen besteht übrigens nicht grundsätzlich. Die Kommunen können nur auf Grundlage einer gesetzlichen Ermächtigung des Landes neue Steuerquellen erschließen. Das Erfinden neuer Steuerarten steht den Kommunen daher nicht zu.

Neben den Steuern stellen Beiträge und Gebühren Einnahmenpositionen bzw. Erträge für die Kommunen dar. Diese sind allerdings an entsprechende kommunale Leistungen gekoppelt und daher kein wirklicher Ansatz für eine Verbesserung der kommunalen Haushaltslage.

1.3 »Im Rahmen der Gesetze« – Selbstverwaltungsgarantie mit Achillesferse?

Die Grundsätze zur kommunalen Selbstverwaltung gelten nicht unbeschränkt. Das Grundgesetz stellt in Art. 28 II klar, dass die Selbstverwaltung nur »im Rahmen der Gesetze« erfolgt. Damit ist dem Gesetzgeber insbesondere auf Landesebene die Möglichkeit eröffnet, Grenzen der kommunalen Selbstverwaltung zu definieren. Außerdem besteht so die Möglichkeit, die kommunale Selbstverwaltung auf eine einheitliche Grundlage zu stellen. Gerade in Haushaltsfragen ist eine solche einheitliche Struktur erforderlich, um der engen Verwebung von kommunalen und übergeordneten Finanzen (beispielsweise durch Umlagen bei der Gewerbesteuer) Rechnung zu tragen und landesweite Vergleichbarkeit und Transparenz zu ermöglichen.

Die Schaffung von einheitlichen Rechtsgrundlagen für die Kommunen ist in aller Regel eine sinnvolle Sache. Wirkungsvolle Selbstverwaltung der Kommunen bedarf einer klaren Grundlage. Der Gesetzesvorbehalt, unter den das Grundgesetz die Selbstverwaltungsgarantie stellt, ermächtigt aber nicht nur zur Schaffung einheitlicher Rechtsgrundlagen für die Kommunen. Vielmehr darf der Landtag auf dieser Grundlage die Kommunen auch in die Pflicht nehmen. Neben einer bloßen »Ausformung« von Selbstverwaltung kann das Land die Kommunen also auch durch die einseitigen Zuweisungen von Aufgaben (→ *Konnexitätsprinzip*) belasten.

Damit der Gesetzesvorbehalt nicht zur Achillesferse der Selbstverwaltungsgarantie verkommt, gibt es Grenzen der gesetzlichen Einwirkungsmöglichkeit auf die kommunale Selbstverwaltung. Das Bundesverfassungsgericht hat klargestellt, dass der »Kernbereich« der kommunalen Selbstverwaltung durch gesetzliche Vorgaben nicht verletzt werden darf. In der Praxis hat dies aber die Kommunen nicht vor Ausplünderung und Fremdbestimmung beschützt. Vielmehr entbrannten wilde juristische Diskussionen zur Definition dieses »Kernbereiches«. Eine einheitliche Linie hat sich nicht wirklich herauskristallisiert. Das muss aber nicht entmutigen. Viele Klagen von Kommunen gegen aufsichtsbehördliche oder gesetzliche Reglementierungen haben durchaus Erfolg.

Beispiel: erfolgreiche Klage
Jüngst konnten so z.B. in Hagen Verfügungen der → *Kommunalaufsicht* zur Schließung von Schulen aus angeblichen Spargründen abgewehrt werden.

Die Option der gerichtlichen Abwehr von gesetzlichen oder anderen Beschränkungen der kommunalen Selbstverwaltung sollte von linker Kommunalpolitik im Auge behalten und geprüft werden.

1.4 Die Gemeindeordnung als zentrale Grundlage für kommunales Handeln und die Haushaltswirtschaft

Die kommunale Finanzhoheit lässt sich nach einer Definition des Bundesverfassungsgerichts als eine »eigenverantwortliche Einnahmen- und Ausgabenwirtschaft im Rahmen eines gesetzlich geordneten Haushaltswesens« beschreiben. Die Ordnung des kommunalen Haushaltswesens wird durch die Länder vorgenommen. Zu diesen gehören die Kommunen »staatsorganisationsrechtlich«. In allen Bundesländern existieren Gesetze, die die maßgeblichen Vorgaben für die Städte und Gemeinden zusammenfassen. In aller Regel heißen diese Gesetze → *Gemeindeordnung*. Lediglich in den Stadtstaaten gelten für die Stadtbezirke andere Voraussetzungen und in einigen Bundesländern werden andere Namen für die Gesetze gewählt, wie z.B. die »Kommunalverfassung« in Mecklenburg-Vorpommern und neuerdings auch Brandenburg oder das »Kommunalselbstverwaltungsgesetz« des Saarlandes.

Diese Rechtsgrundlagen sind für die Städte und Gemeinden im jeweiligen Bundesland zwar nicht die alleinige Grundlage für ihr Agieren. Sie enthalten aber die zentralen und maßgeblichen Regelungen für die Kommunen. Hier wird in der Regel der Rahmen für die wirtschaftliche Betätigungsfreiheit der Kommunen gesetzt und Regelungen für das Zusammenspiel der kommunalen Gremien (Bürgermeister, Stadtrat, Fachausschüsse etc.) getroffen. Auch wenn diese Gesetze zum Teil als »Kommunalverfassung« bezeichnet werden, kommt ihnen keine dem Grundgesetz vergleichbare Verfassungsqualität zu. Mit der Bezeichnung »Kommunalverfassung« soll vielmehr zum Ausdruck gebracht werden, dass die Gemeindeordnungen die zentralen Strukturvorgaben für die Kommunen enthalten.

Stichwort Gemeindeordnung:
Die Gemeindeordnung muss man als Kommunalpolitiker nicht auswendig kennen. Aber er oder sie muss sich damit auseinandersetzen und im Fall der Fälle wissen, wo bei offenen Fragen nachzuschlagen ist. Jede Ratsfraktion sollte daher stets die neueste Variante der jeweiligen Gemeindeordnung in der Geschäftsstelle vorrätig haben. Auch das Internet hilft weiter: Sollte »googeln« nichts bringen, bieten in der Regel die Web-Angebote der Innenministerien der Bundesländer die aktuelle Fassung der Gemeindeordnung online an. Hier wird man schnell fündig!

Auch für das kommunale Haushaltswesen ist die Gemeindeordnung die entscheidende Rechtsgrundlage. Hier wird vorgegeben, welche Struktur der Haushalt haben, welche Bestandteile er aufweisen muss und in welchem Verfahren er zu erlassen ist. Die Gemeindeordnungen sind Landesgesetze, vom jeweiligen Landtag erlassen. Da hierbei nicht alle notwendigen Details geregelt werden können und sollen, sind in den Bundesländern auch *Verordnungen* zum kommunalen Haushaltswesen erlassen worden. Verordnungen werden nicht von den Parlamenten erlassen, sondern im Rahmen einer gesetzlichen Ermächtigung von der Regierung bzw. einem Ministerium. Diese Verordnungen runden die Rechtsgrundlagen für das kommunale Haushaltswesen ab und führen die gesetzlichen Grundlagen spezieller und detailreicher aus. Sie sind deshalb aber auch in aller Regel komplizierter und weniger lesefreundlich. Die entsprechenden Verordnungen heißen meist »Gemeindehaushaltsverordnung« und dürften ebenfalls über das Internetangebot des jeweiligen Landesinnenministeriums kostenfrei abzurufen sein.

1.5 Exkurs: Die Kreise

Die kommunale Ebene umfasst nicht nur die Städte und Gemeinden. Außerdem gibt es noch Stadtbezirke und die Landkreise als eigene kommunale Ebene. Auch die Existenz von Gemeindeverbänden, wie sie die Landkreise darstellen, wird durch das Grundgesetz in Art. 28 II abgesichert. Formal stellen die Kreise, wie der Begriff des Gemeindeverbandes schon aussagt, einen Zusammenschluss mehrerer kreisangehöriger Städte und Gemeinden dar. Aus dem Charakter der Kreise als übergeordneter Ebene resultiert, dass für ihren Aufgaben- und Zuständigkeitsbereich nicht der gleiche Grundsatz gelten kann, wie für die Mitgliedskommunen. Denn die Städte und Gemeinden sind letztlich in allen örtlichen Angelegenheiten zuständig, sofern ein Gesetz eben diese Zuständigkeit nicht ausschließt. Eine derart offene Kompetenzbeschreibung auch für die Kreise würde zu einer unklaren Lage im Verhältnis zu den kreisangehörigen Kommunen führen. Die Kreise können sich vor diesem Hintergrund nicht auf einen abstrakten Grundsatz für ihre Kompetenzen stützen. Sie sind vielmehr immer dann zur Handlung befugt, wenn dies ein Gesetz explizit vorsieht – anderenfalls nicht. Die Handlungsfähigkeit der Kreise ist unter diesem Aspekt also weniger autonom als die der Städte und Gemeinden.

Merke: Die Städte und Gemeinden dürfen in lokalen Angelegenheiten immer handeln, wenn es nicht verboten ist – die Kreise immer nur dann, wenn es ihnen explizit erlaubt wurde!

Die Kreisstruktur entspricht in der Regel dem der Städte und Gemeinden. Was dort der Stadt- oder Gemeinderat ist, ist auf Kreisebene der Kreistag. Dem (Ober-)Bürgermeister bzw. der (Ober-)Bürgermeisterin entspricht die Position des Landrates als Verwaltungsspitze. In Finanzfragen gibt es aber deutliche Unterschiede. Auch die Kreise partizipieren über Landeszuweisungen an den staatlichen Einnahmen. Dies reicht allerdings (wie bei den Städten und Gemeinden) nicht aus. Sie finanzieren sich deshalb immer stärker über die »Kreisumlage«. Die Kreise sind ermächtigt, von ihren Mitgliedskommunen, also den kreisangehörigen Städten und Gemeinden einen Finanzierungsbeitrag einzufordern. Dieser basiert auf ihrer Finanz- und Steuerkraft und wird vom Kreistag (der parlamentsartigen politischen Vertretung des Kreises) in Gestalt eines Prozentsatzes festgesetzt. Die Kreisumlage sollte eigentlich für die Kreisfinanzen nachrangig sein. Das bedeutet, dass der Kreis sich eigentlich über andere, vorrangige Quellen zu finanzieren hat. Mittlerweile hat sich die Umlage aber zur zentralen Finanzierungsquelle der Kreise entwickelt. In den Kreisordnungen werden zwar bestimmte Vorgaben gemacht, die dazu dienen, dass die Kreisumlage die Mitgliedskommunen nicht erdrosselt. Die häufig brisanten Auseinandersetzungen zwischen Kreis und Mitgliedskommunen um die Höhe der Kreisumlage hat dies aber in den seltensten Fällen gestoppt.

Die »Kreisordnung« ist das Gesetz, das die Angelegenheiten der Kreise regelt. Auch dieses ist in aller Regel den Internetangeboten der Innenministerien der Länder zu entnehmen. In einigen Bundesländern existieren mittlerweile auch Gesetzeswerke, die die Angelegenheiten sowohl der Städte und Gemeinden als auch der Landkreise in einem Gesetz gemeinsam regeln. Dies ist im Saarland mit dem »Kommunalselbstverwaltungsgesetz«, der »Kommunalverfassung« in Brandenburg und Mecklenburg-Vorpommern und in Thüringen mit der »Thüringischen Gemeinde- und Kreisordnung« der Fall.

1.6 Zentrale Haushaltsbausteine: Haushaltsplan und Haushaltssatzung

Zentrale Grundlage der kommunalen Haushaltswirtschaft ist der → *Haushaltsplan*. Hier wird zum Beginn einer Haushaltsperiode festgelegt, welche Ressourcen für welche Zwecke im Geltungszeitraum vorgesehen werden. Der Haushaltsplan führt die einzelnen Haushaltspositionen auf und stellt damit das ausführliche Kernstück des Haushaltes dar. Die Haushaltspläne samt ihrer Anlagen umfassen je nach Größe der Stadt zahlreiche Aktenordner.

Neben dem Haushaltsplan ist die → *Haushaltssatzung* von zentraler Bedeutung. Diese hat der Stadt- bzw. Gemeinderat zu verabschieden, also zu beschließen (zum Verfahren gleich). Was die Haushaltssatzung zum Inhalt haben muss, gibt die jeweilige Gemeindeordnung vor. Dies betrifft in aller Regel die zentralen Festsetzungen des Haushaltsplanes, also z.B. die Gesamtsalden von Erträgen und Aufwendungen (zu den Begrifflichkeiten später) sowie von Einnahmen und Ausgaben. Außerdem enthält die Haushaltssatzung in der Regel die Summe der Kreditaufnahmen (Neuverschuldung) sowie der Verpflichtungsermächtigungen (auch hierzu später). Auch die von der Stadt oder Gemeinde festzusetzenden Steuerhebesätze (beispielsweise für die Gewerbesteuer) sind meist in der Haushaltssatzung festzulegen.

Es stellt sich die Frage nach dem Verhältnis von Haushaltssatzung und Haushaltsplan. Weshalb ist beides überhaupt notwendig, wenn doch die Satzung nur die zentralen Punkte des Planes wiederholt? Die Beantwortung ergibt sich aus den Handlungsmöglichkeiten einer Kommune und dem Zweck des Haushaltes. Die Kommune hat einen Haushalt aufzustellen, um die finanzwirksamen Aktionen im nächsten Jahr auf eine planvolle Grundlage zu stellen. Auf diese Weise wird die Kommunalpolitik verpflichtet, sich mit den notwendigen Maßnahmen im gesamten Haushaltsjahr auseinanderzusetzen und dafür zu sorgen, dass den politischen Prioritäten entsprechend die Handlungsfähigkeit der Kommune über den gesamten Zeitraum gewährleistet bleibt. Ohne Haushalt könnten Gelder ansonsten planlos oder spontan ausgegeben werden, was dann in der Folge vielleicht zur Handlungsunfähigkeit führt. Sinn und Zweck des Haushaltes ist es, eine verbindliche und ausgeglichene Grundlage für finanzwirksames Agieren der Kommune über einen gewissen Zeitraum zu schaffen. Hierbei sollen die im Haushalt festgesetzten Werte für die Verwaltung im Geltungszeitraum des Haushaltes die *verbindliche* Richtschnur für das finanzwirksame Handeln sein. Sie sollen also einen Rahmen abstecken.

Exkurs: Der Rat als Parlament?

Häufig ist von Kommunalparlamenten die Rede, wenn über Stadträte oder Kreistage gesprochen wird. Diese umgangssprachliche Formulierung ist in formaler Hinsicht nicht korrekt. Unter einem Parlament versteht man in einem Staatswesen mit Gewaltenteilung die Legislative, also die gesetzgebende Gewalt. Diese steht der Exekutive (ausführende Gewalt, also insbesondere die Regierung) und der Judikative (die Gerichte als Rechtsprechungsinstanz) gegenüber. Räte und Kreistage weisen zwar als lokale Volksvertretung Ähnlichkeiten mit Landtagen und dem Bundestag auf. Im Staatsaufbau nehmen sie aber eine andere Funktion wahr.

Die Städte und Gemeinden sind keine gleichberechtigte dritte staatliche Ebene neben Bund und Ländern. Sie sind Einrichtungen der lokalen Selbstverwaltung, die integral in den föderalen Staatsaufbau eingebettet sind. Den Kommunen kommt insofern in Gänze Verwaltungscharakter zu. Der Rat steht der Kommunalverwaltung also nur in gewisser Hinsicht »gegenüber«. Formaljuristisch gesehen ist er selbst Teil der Verwaltung, nämlich ein Selbstverwaltungsorgan der Kommune. Aus dieser juristischen Feststellung ergibt sich, dass die Kommunen keine Gesetze erlassen können. Das können nur Parlamente, also die Legislative im Rahmen der Gewaltenteilung. Die Kommune ist hingegen als Ganzes Teil der Exekutive. Rechtsverbindliche Maßgaben kann sie allerdings in Form der Satzung erlassen. Satzungen dienen der Selbstorganisation im internen Bereich. Da die Kommune ein Ort der lokalen Selbstverwaltung sein soll, ist das Instrument der Satzung zur Organisation der internen Verhältnisse die passende Handlungsmöglichkeit.

Aus dem Status der Räte und Kreistage als Selbstverwaltungsorgane, die Parlamenten nicht gleichstehen, ergibt sich übrigens auch, dass Rats- oder Kreistagsmitglieder nicht die gleichen Rechte in Anspruch nehmen können, die das Grundgesetz Bundestagsabgeordneten zubilligt (Immunität, Indemnität).

Will eine Gemeinde ihrer Haushaltsplanung für den Geltungszeitraum einen rechtsverbindlichen Charakter geben, so reicht ein schlichter Ratsbeschluss nicht aus. Vielmehr muss die Haushaltsplanung durch einen Satzungsbeschluss in eine rechtsverbindliche Form gekleidet werden. Damit dies nicht zu einer unnötigen Förmelei und bürokratischer Doppelarbeit verkommt, sehen die Gemeindeordnungen vor, dass die Haushaltssatzung lediglich die zentralen Kernpunkte des Haushaltsplanes aufführen muss. Auf die detaillierten Festsetzungen des Haushaltsplanes wird häufig lediglich verwiesen bzw. der Plan qua Gesetz zur Grundlage oder zum Bestandteil der Satzung erklärt.

Durch den Beschluss des Stadtrates über die Haushaltssatzung mit den zentralen Maßgaben des Haushaltsplanes wird ein für den Geltungszeitraum verbindlicher Kommunalhaushalt geschaffen.

Merke: Für die kommunale Praxis ist es nur wichtig festzuhalten, dass der Satzungsbeschluss des Stadtrates dazu dient, die detaillierten Festsetzungen des Haushaltsplanes auf eine rechtsverbindliche Grundlage zu stellen.

Übrigens stellt ein Haushalt lediglich eine stadt- oder gemeinde*interne* Angelegenheit dar. Außenwirkung kommt den im Haushalt niedergelegten Angaben nicht zu. Konkret bedeutet das zum Beispiel, dass auch eine Festsetzung für die Förderung der Jugendarbeit, selbst wenn sie bereits für einen bestimmten Träger vorgesehen ist, diesem keinen Anspruch auf Auszahlung der Mittel verschafft. Der potenziell Begünstigte kann also nicht vor Gericht auf Auszahlung klagen, nur weil ein Haushaltstitel bestimmte Zuweisungen für ihn vorsieht. Die Verbindlichkeit des Haushaltes wirkt also nur nach innen und begründet in aller Regel keine Ansprüche außerhalb der kommunalen Sphäre.

1.7 Wer macht was wann? Das Verfahren der Haushaltsberatungen

Die Gemeindeordnungen geben auch das förmliche Verfahren zur Aufstellung des Haushaltes sowie der Verabschiedung in den maßgeblichen Grundzügen vor. In aller Regel obliegt es dem Kämmerer bzw. der Kämmerin, den Entwurf des Haushaltes aufzustellen.

Die zentrale Person in Haushaltsfragen: Der Kämmerer oder die Kämmerin
Als Kämmerer wird in Deutschland ein kommunaler Verwaltungsfachbediensteter für den Bereich der Finanzen bezeichnet. Die Bezeichnung leitet sich vom lateinischen »camera« für Schatzkammer ab. Der Kämmerer oder die Kämmerin werden in aller Regel vom Rat auf Zeit gewählt und nehmen häufig die Funktion eines Beigeordneten wahr. Sie sind dann auch regelmäßig qua Gesetz Mitglied des kommunalen Verwaltungsvorstandes, also der Verwaltungsspitze der Stadt. Dem Kämmerer kommen nach den Gemeindeordnungen häufig spezielle Befugnisse in Finanzfragen zu. Dies

betrifft nicht nur die Phase der Haushaltsaufstellung. Auch während des Haushaltsjahres ist der Kämmerer in einigen Bundesländern ermächtigt, Haushaltssperren zu erlassen, sofern dies die Haushaltslage erfordert. In diesem Fall dürfen im Haushalt eingeplante Gelder nicht fließen. Der Rat kann diese Sperren aber in der Regel durch Beschluss aufheben.

Wichtig ist, dass die Kämmerei die Anlaufstelle für Fragen innerhalb der Verwaltung ist, die Finanzen und Haushaltsangelegenheiten betreffen. In aller Regel sollten die Mitarbeiterinnen und Mitarbeiter der Kämmerei Anfragen aus der Kommunalpolitik unbürokratisch also auch per Anruf oder Mail zeitnah beantworten können. Sollten hier Schwierigkeiten auftreten, können sich gewählte kommunale Mandatsträgerinnen und Mandatsträger auch auf dem offiziellen Weg durch verwaltungsinterne Stellen Fragen beantworten lassen (z.B. über kleine Anfragen). Zur Mandatsausübung gehört der weitestgehend freie Zugang zu den hierfür notwendigen Informationen. Aus diesem Grund sehen die Gemeindeordnungen spezielle Informationsrechte für die gewählten Ratsmitglieder vor. Diese können häufig in den Geschäftsordnungen noch spezifiziert werden (Anforderungen für kleine Anfragen, große Anfragen etc.).

Der Ablauf der Haushaltsberatungen bzw. des gesamten Haushaltsprozesses sieht (abgesehen von gewissen Details) weitestgehend ähnlich aus. Hierbei sehen die Gemeindeordnungen zum Teil (NRW, Hessen, Brandenburg) sehr klare Verfahrensvorgaben vor. In anderen Fällen wird lediglich die öffentliche Beschlussfassung durch den Rat vorgegeben.

Ablauf von Haushaltsberatungen

1. Es obliegt dem Kämmerer, einen Haushaltsentwurf zu erarbeiten.
2. Der Entwurf des Kämmerers wird der Verwaltungsspitze, also der Bürgermeisterin bzw. dem Bürgermeister vorgelegt.
3. Der Entwurf ist durch die Bürgermeisterin oder den Bürgermeister zu bestätigen. Der bestätigte Entwurf ist dem Rat vorzulegen und der Öffentlichkeit bekannt zu machen (dies geschieht durch Information der Öffentlichkeit in Gestalt von Annoncen in örtlichen Zeitungen oder Hinweisen in amtlichen Mitteilungsblättern über die Auslage des Entwurfes im Rathaus). Die Veröffentlichung dient der Transparenz gegenüber den Bürgerinnen und Bürgern, aber auch der Möglichkeit für Einwohnerinnen und Einwohner, Einsprüche gegen die Festsetzungen zu erheben. Diese kann dann der Rat z.B. bei seiner Behandlung des Themas aufgreifen.

Der Bürgermeister bzw. die Bürgermeisterin muss den Entwurf der Kämmerei übrigens nicht abnicken. Der Entwurf kann auch geändert werden, wobei für diesen Fall die Gemeindeordnungen häufig die Möglichkeit zur Stellungnahme für den Kämmerer bzw. die Kämmerin vorsehen. Das dient dem Zweck, dass der zuständige Stadtrat über die Differenz zwischen der Bürgermeisterin bzw. dem Bürgermeister und der Fachkompetenz Kämmerer/Kämmerin Kenntnis erlangt.

4. Der Ball liegt jetzt im Spielfeld des Rates. Dieser muss einen Satzungsbeschluss zum Haushalt in öffentlicher Sitzung fassen. Er ist also der Budgetgeber. Alles was im Vorfeld geschah, betraf lediglich die Vorbereitung.

Auch wenn die Gemeindeordnungen hierzu keine unmittelbaren Verpflichtungen aufstellen, hat sich in der Praxis eingebürgert, dass die Verabschiedung des Haushaltes nicht ohne Weiteres erfolgt. Nachdem der Bürgermeister bzw. die Bürgermeisterin den Haushaltsentwurf in einer Ratssitzung eingebracht und in seinen maßgeblichen Grundzügen vorgestellt hat, schließt sich hieran eine Beratungsabfolge der einzelnen Fachausschüsse des Rates an.

Fachausschüsse

Fachausschüsse sind dem Rat vorgelagerte Gremien, die sich mit bestimmten Spezialgebieten befassen (so gibt es Sportausschüsse, Jugend- und Sozialausschüsse usw.). Die Gesetze geben in der Regel nur vor, dass bestimmte Pflichtausschüsse für eine Kommune zu bilden sind (z.B. den Rechnungsprüfungsausschuss). Ob die Kommune weitere Ausschüsse einrichtet, steht ihr bzw. dem Rat frei. Die Größe der Fachausschüsse und ihren fachlichen Zuschnitt kann der Rat bestimmen. Die Zusammensetzung muss lediglich die Kräfteverhältnisse des Stadtrates widerspiegeln. Interessant ist, dass den Fachausschüssen bis auf wenige Ausnahmen nicht nur gewählte Ratsmitglieder angehören müssen.

Häufig kann bis zur Hälfte der Ausschussplätze mit »sachkundigen BürgerInnen« besetzt werden. Diese haben von Bundesland zu Bundesland unterschiedliche Namen (z.B. auch Bürgerdeputierte) und können dem Ausschuss entweder beratend oder zum Teil auch mit Stimmrecht angehören. Die Einbindung von Personen auch jenseits der gewählten Mandatsträgerinnen und Mandatsträgern dient dem Zweck, spezielle Fachkompetenz mit an Bord zu nehmen. Den politischen Parteien und Wählergruppen bzw. ihren Vertretungen im Rat ermöglicht das, weitere Personen in die kommunalpolitische Arbeit einzubinden.

Die Besetzung der Ausschüsse erfolgt aufgrund eines Ratsbeschlusses, wobei den Mehrheitsverhältnissen dort entsprochen werden muss. Ausschüsse nehmen abgeleitete Kompetenzen des Rates wahr. Sofern dieser den Ausschüssen auch Beschlusskompetenzen einräumt, sind sie in diesen Fällen auch wirklich entscheidungsbefugt, ohne dass der Rat anschließend tätig werden muss. In der Regel dienen Fachausschüsse aber der fachlichen Vorberatung von Sachverhalten, damit im Rat auf Grundlage des Votums des Fachgremiums eine zugleich fundierte wie auch schnelle Entscheidung gefällt werden kann.

Häufig sieht das Ortsrecht vor, dass nach der Einbringung des Haushaltes die Fachausschüsse den Teil des Entwurfes beraten, der ihrem Aufgabengebiet entspricht. Der Sportausschuss behandelt also den Teil zu den Sportanlagen etc. und der Sozialausschuss den Teil zur kommunalen Sozialpolitik. Hierbei kann es zu thematischen Überschneidungen kommen. In diesen Fällen tagen Fachausschüsse auch schon einmal gemeinsam. Die Fachausschüsse geben auf diesem Weg dem Rat Einzelvoten für die jeweiligen Teilaspekte des Haushaltes mit. Hierbei steht es ihnen frei, Änderungen an der Beratungsvorlage zu beschließen. Letztlich kommt der Gesamtentwurf dann erneut in den Rat und wird dort behandelt. Dem Rat steht es als Budgetgeber ebenfalls frei, Änderungen an der Vorlage vorzunehmen. Er ist also weder an den Entwurf der Kämmerei gebunden, noch muss er Änderungen des Bürgermeisters bzw. der Bürgermeisterin aufnehmen. Gleiches gilt für die Änderungsvorschläge aus den Fachausschüssen.

Jahres-Highlight: Die Haushaltsrede

Wenn der Rat zur Beschlussfassung über den Haushalt zusammentritt, dann ist dies in nahezu allen Kommunen das kommunalpolitische Jahres-Highlight. Die Verabschiedung des kommunalen Haushaltes bietet Gelegenheit, die politische Prioritätensetzung aufzuarbeiten und allgemeinpolitische Bewertungen vorzunehmen. Die Haushaltsdebatte beinhaltet für alle Akteure die Möglichkeit zum kommunalpolitischen Rundum-Schlag. Nicht zuletzt stehen die Haushaltsreden im besonderen Fokus der Öffentlichkeit. Eine gute Vorbereitung und der Versuch, zugleich kompetent aber auch kreativ Zeichen in der Debatte zu setzen, lohnt sich allemal.

Die beschlossenen Haushalte sind stets der Kommunalaufsicht zur Kenntnis zu geben. Rechtskraft erlangt der Haushalt erst durch die Veröffentlichung bzw. *Bekanntmachung*. Diese ist in der Regel erst eine gewisse Zeit nach der Vorlage bei der Aufsicht möglich, damit die Aufsichtsbehörde Zeit hat, den Haushalt zu durchleuchten. Enthält der Haushalt genehmigungspflichtige Bestandteile (auch dazu später), kann die Bekanntmachung regelmäßig erst nach der Genehmigungserteilung vorgenommen werden.

Gemeindeordnungen enthalten mittlerweile häufig den Grundsatz, dass das Haushaltsjahr auch das Kalenderjahr sein soll. Hierdurch soll der Entwicklung entgegengewirkt werden, dass die Haushalte in den Kommunen erst mitten im Jahr beschlossen werden. Die Gemeindeordnungen sehen für den Fall, dass die Haushaltssatzung nicht zum Jahresbeginn in Kraft tritt, häufig Sanktionen vor. Die Kommune darf dann z.B. in Nordrhein-Westfalen lediglich nach den Grundsätzen der *vorläufigen Haushaltswirtschaft* agieren. Sie darf weitestgehend nur die Ausgaben bzw. Aufwendungen leisten, zu denen sie rechtlich verpflichtet ist bzw. die unaufschiebbar sind. Diese Einschränkung soll verhindern, dass die Verwaltung durch Verzögerung des Aufstellungsverfahrens das Budgetrecht des Rates unterläuft. Schließlich könnte sie ohne eine solche Einschränkung der Handlungsmöglichkeiten durch eine Verzögerung der Haushaltsaufstellung weitgehend frei bis zu einer späteren Haushaltsaufstellung agieren und dem Rat wäre die Handhabe zur Weichenstellung in dieser Zwischenzeit genommen.

1.8 Einzel- oder Doppelhaushalt?

Haushalte werden in aller Regel für ein Jahr aufgestellt. Die Gemeindeordnungen ermöglichen aber häufig auch das Aufstellen von Doppelhaushalten. Diese gelten dann für zwei Haushaltsjahre. Das Aufstellen von Doppelhaushalten hat Vor- und Nachteile. Auf der einen Seite tragen sie dem Umstand Rechnung, dass zahlreiche Projekte und Vorhaben eben nicht auf ein Haushaltsjahr beschränkt sind. Doppelhaushalte können daher eine übersichtlichere Gesamtschau von Vorhaben bzw. ihrer haushaltsrechtlichen Verankerung geben. Ein Doppelhaushalt dient der Schaffung von mittelfristigen Planungsgrundlagen.

Negativ ist, dass die wirtschaftliche und finanzielle Entwicklung einer Kommune häufig starken Schwankungen unterworfen ist. Die Planung über mehr als 24 Monate hinweg (der Haushalt soll bereits vor dem Jahreswechsel aufgestellt werden) erweist sich daher gerade in der Endzeit der Geltungsdauer häufig als nicht belastbar. Schlimmstenfalls müssen deshalb Nachtragshaushalte aufgestellt werden, da die ursprüngliche Planung der Realität angepasst werden muss. Insbesondere reduzieren Doppelhaushalte aber auch die Intensität der politischen Begleitung der Haushaltsführung und verringern damit die Möglichkeit zur Verwaltungssteuerung. Haushaltsberatungen finden dann nur noch alle zwei Jahre statt. Tendenziell ist daher von der Aufstellung von Doppelhaushalten abzuraten.

1.9 Der Jahresabschluss

Im weiteren Sinne Bestandteil des Haushaltes ist der → *Jahresabschluss*. Im vom Rat verabschiedeten Haushaltsplan werden zunächst Planwerte für Einnahmen und Ausgaben bzw. Erträge oder Aufwendungen (zum Unterschied später) im Haushaltsjahr veranschlagt. Häufig unterliegt die Haushaltswirtschaft aber starken Schwankungen. Sie machen es zur fast unmöglichen Ausnahme, dass die Planansätze des Haushaltes auch tatsächlich punktgenau eingehalten werden. Den Abgleich zwischen Planansätzen und tatsächlich realisierten Werten ermöglicht der Jahresabschluss.

Hier wird abgeglichen, ob die Vorgaben des Haushaltsplanes eingehalten bzw. erreicht werden konnten oder ob signifikante Abweichungen festzustellen sind. Indirekt dient die Erstellung des Jahresabschlusses der Sicherung der kommunalpolitischen Steuerungskompetenz. Die Dokumentation der tatsächlichen Realisierung der Planwerte »zwingt« schließlich die Verwaltung dazu, nicht unerhebliche Diskrepanzen zum Planungsansatz entsprechend zu begründen. Ohne einen solchen Abschluss könnten die vom Rat veranschlagten Planungswerte an Verbindlichkeit verlieren.

Die Kommune hat den Jahresabschluss im Nachgang des Haushaltsjahres zu erstellen. Die Kämmerei ist hierfür regelmäßig zuständig und leitet analog zum Verfahren der Haushaltsaufstellung der Bürgermeisterin bzw. dem Bürgermeister den Entwurf des Abschlusses zu. Von der Verwaltungsspitze wird dieser Entwurf bestätigt und dem Rat zur Beschlussfassung vorgelegt. Bevor hier entschieden wird, ist allerdings eine Besonderheit im Unterschied zum Aufstellungsverfahren festzustellen: Der kommunale Rechnungsprüfungsausschuss hat den Jahresabschluss als Ergebnis der Haushaltswirtschaft zu prüfen. Beim Rechnungsprüfungsausschuss handelt es sich um einen Pflichtausschuss. Die Kommunen sind also verpflichtet, einen solchen Ausschuss einzurichten. Der Rechnungsprüfungsausschuss hat die Aufgabe, zum Beispiel mittels stichprobenartiger Kontrolle von finanzwirksamen Vorgängen in der Kommune die Richtigkeit des Jahresabschlusses zu untersuchen. Nach dieser Kontrolle ist der Rat zur Feststellung des Jahresabschlusses durch Beschluss berufen.

Bei der Feststellung des Jahresabschlusses handelt es sich in aller Regel um keine politische, sondern eine technische Frage. Es geht darum, die formal korrekte Abwicklung der Haushaltswirtschaft nachzuhalten und festzustellen. Damit verbunden ist regelmäßig auch die Entlastung der Verwaltungsspitze, also des Bürgermeisters bzw. der Bürgermeisterin. Auch diese Frage ist, sofern keine außergewöhnlichen Besonderheiten vorliegen, nicht von politischer Natur. Eine vorbehaltslose Entlastung ist die Regel und schließt die Haushaltswirtschaft des abgerechneten Jahres endgültig ab.

Der Rat ist allerdings keinesfalls zur vorbehaltslosen Entlastung der Verwaltungsspitze verpflichtet. Die Ablehnung der Entlastung kommt beispielsweise in Betracht, wenn dem Bürgermeister bzw. der Bürgermeisterin ein nicht unbeachtlicher Pflichtverstoß im Rahmen der Haushaltsführung nachgewiesen wurde. Dies wäre zum Beispiel der Fall, wenn der Bürgermeister bzw. die Bürgermeisterin vorsätzlich eine fehlerhafte Haushaltsführung praktiziert hätte. Die Entlastung sollte letztlich genauso wie die Feststellung des Jahresabschlusses als formale Frage gesehen werden. Als Ansatz für eine politische Auseinandersetzung auch mit den handelnden Personen in der Verwaltung eignet sich diese Frage nur in den seltensten Fällen. Auch der Jahresabschluss ist regelmäßig nach seiner Feststellung durch den Rat der Kommunalaufsicht vorzulegen. Zum Teil setzen hier Reglementierungen der weiteren kommunalen Haushaltswirtschaft an, etwa wenn eine signifikante negative Abweichung von den Planwerten festgestellt wurde.

2. Haushaltsrecht im Umbruch: Das Handwerkszeug ändert sich

2.1 Strukturreform in den Bundesländern

Gerade in den letzten Jahren haben sich auf dem Gebiet des kommunalen Haushalts- und Finanzrechts erhebliche Veränderungen ergeben. Ausgangspunkt ist die Diskussion in Politik und Wissenschaft über die Anforderungen an ein modernes kommunales Haushaltswesen. In zahlreichen Bundesländern wurden im Kontext dieser Diskussion Modellprojekte realisiert, in denen ausgewählte Kommunen bereits neue Formen der Haushaltsführung praktizieren konnten. Auf Grundlage dieser Diskussion und den Erfahrungswerten aus den Modellprojekten gipfelten die Überlegungen in einer Konferenz der Innenminister am 21.11.2003 in Jena. Dort einigten sich die Innenminister aller Bundesländer darauf, die Systematik der kommunalen Haushaltswirtschaft grundlegend zu reformieren. Es wurde ein »Regelungskorridor« vereinbart, der Grundzüge eines neuen kommunalen Finanzwesens definiert, aber auch Freiraum für landesspezifische Ausformungen beließ.

Der Beschlusstext der Innenministerkonferenz: http://www.berlin.de/imperia/md/content/seninn/imk2007/beschluesse/031121_imk_173.pdf (S. 19).

Die Folge war die Veränderung der Rechtsgrundlagen für das kommunale Haushaltswesen. Insbesondere die Passagen in den Gemeindeordnungen zum Thema Haushalt wurden modifiziert. Die Änderungen werden zwar häufig erst nach längeren Übergangsfristen verbindlich. Ein Umstellungserfordernis in der Haushaltsführung ist früher oder später aber für alle Kommunen in Deutschland gegeben. Vielerorts dürften die Umstellungsprozesse bereits abgeschlossen sein.

Für die Verwaltungen bedeutete dies in aller Regel eine massive Zusatzbelastung, da erhebliche Veränderungen in der Verwaltungspraxis erforderlich sind und so ein großer Fortbildungsbedarf bei den Mitarbeiterinnen und Mitarbeitern entsteht. Nicht zuletzt betreffen diese Änderungen auch die Kommunalpolitikerinnen und Kommunalpolitiker. Immerhin sind die Räte und nicht die Verwaltungen Budgetgeberinnen. Mandatsträgerinnen und Mandatsträger sind es, die letztlich durch ihre Zustimmung Verantwortung für den Haushalt übernehmen.

Leider waren die Informationen und Fortbildungsangebote für die Kommunalpolitikerinnen und Kommunalpolitiker im Rahmen der Veränderungen vielerorts nur dürftig. Im Ergebnis der Strukturreformen stehen die Akteure häufig hilfloser vor dem Verwaltungsmachwerk des Haushaltsentwurfes als vor der Reform. Dieses Ergebnis ist insbesondere deshalb zu kritisieren, da doch gerade Transparenz und gesteigerte politische Steuerungsfähigkeit zu den zentralen Zielsetzungen der Haushaltsstrukturreform gehörte.

2.2 Abkehr von der Kameralistik und Ansprüche an das neue Haushaltsrecht

Ausgangspunkt der Reformüberlegungen war die in der ganzen Bundesrepublik praktizierte *kamerale Haushaltswirtschaft* der Kommunen (→ *Kameralistik*). Aus der Kritik an ihren Zuständen ergaben sich Ansprüche an ein neues Haushaltswesen. Diese Kritik und die Ansprüche sind für das Verständnis der neuen Systematik wichtig.

Die kamerale Haushaltswirtschaft war gekennzeichnet von der in der Regel haushaltsjährbezogenen Gegenüberstellung von kommunalen Ausgaben und Einnahmen. Der Haushaltsplan war in die Teilbereiche *Verwaltungs-* und *Vermögenshaushalt* untergliedert. Im Vermögenshaushalt waren alle Geldströme aufgeführt, die für die Kommune vermögenswirksam wurden, also entweder zur Steigerung oder Minderung des kommunalen Vermögens führten. Dies betraf insbesondere die Infrastrukturinvestitionen der Kommune. Das Gegenstück, der Verwaltungshaushalt, listete alle diejenigen Ansätze für Geldströme auf, die der laufenden Verwaltungstätigkeit geschuldet waren. Auf der Ausgabenseite betraf das z.B. die Personalkosten, auf der Einnahmenseite etwa die Einnahmen aus der Gewerbesteuer.

Zwei zentrale Kritikpunkte gegen diese Form der Haushaltswirtschaft wurden vorgebracht:

- Der kamerale Haushalt bildet lediglich Zahlungsströme ab. Die zentralen Größen sind hier *Einnahmen* und *Ausgaben*, die im Rahmen des Haushaltes gegenübergestellt wurden. Dies wurde im Hinblick auf die ergebnisorientierte Veranschlagung des Mitteleinsatzes als zu eindimensional gewertet. Konkret war es in der Kameralistik so, dass eine politisch gewollte Prioritätensetzung »lediglich« in der Erhöhung bestimmter Haushaltstitel münden musste. Es galt immer als Ausdruck von besonderer politischer Priorität, wenn ein bestimmter Haushaltsansatz überproportional angehoben wurde. Dies stellte aber keinesfalls einen zwingenden Beleg für eine tatsächlich eintretende Ergebnis*veränderung* im Sinne einer politisch bezweckten Ergebnis*verbesse-*

rung dar. Diese »Inputorientierung« der kameralen Systematik, also die Orientierung lediglich auf die Höhe »angepackten« Geldes, ohne die konkrete Auswirkung auf das Ergebnis des Mitteleinsatzes zu berücksichtigen, sollte durch eine neue Haushaltssystematik überwunden werden.

Kritikpunkt 1: Es reicht nicht aus, nur zu entscheiden, wie viel man in ein bestimmtes Vorhaben »hineinsteckt«! Es kommt frei nach Helmut Kohl auch stark darauf an, »was hinten raus kommt«. Das konnte man bisher nicht im Kontext des Haushaltes mitbestimmen.

- Der zweite zentrale Kritikpunkt war die fehlende Dokumentation des tatsächlichen Ressourcenverbrauches. Die ausschließliche Gegenüberstellung von Einnahmen und Ausgaben lässt völlig außer Acht, wie es um bestehendes kommunales Vermögen bestellt ist. So führte die strukturelle Finanznot der Kommunen dazu, dass notwendige Instandsetzungsmaßnahmen und Investitionen in die Infrastruktur vielerorts auf die lange Bank geschoben wurden. Das Verrotten der kommunalen Infrastruktur und ein laufender Wertverlust des kommunalen Vermögens war die Folge. Dies erfasste die Kameralistik aber nicht, da hier der Verzicht auf eine Sanierungsmaßnahme lediglich dazu führte, dass im Haushaltsjahr entsprechend weniger Geld ausgegeben und damit der Haushalt entlastet wurde. Den Werteverzehr an bestehender Infrastruktur durch ausbleibende Investitionen hat das kameralistische System nicht abgebildet. Ähnliches gilt für erst in der Zukunft anfallende Pensionsleistungen für Beamtinnen und Beamte. Verursacht werden diese Kosten durch die Inanspruchnahme von Leistungen heute, da hieraus der Anspruch auf spätere Pensionszahlungen erwächst. Im Gegensatz zur Kameralistik sollte ein neues Haushaltsrecht grundsätzlich die Berücksichtigung von Lasten im Zeitpunkt ihrer Verursachung erfassen. Das wurde nicht zuletzt aus dem Aspekt der Generationengerechtigkeit abgeleitet.

Kritikpunkt 2: Auch wenn es sicher häufig aus der Not geboren war: Das ständige Aufschieben von Investitionen in Infrastruktur entlastete den Haushalt, ließ aber die Infrastruktur fortlaufend verrotten. So wurden Investitionsnotwendigkeiten lediglich auf morgen verschoben und potenziert.

Diese beiden Hauptkritikpunkte waren der maßgebliche Anlass zur Abkehr von der kameralen Systematik. Gleichsam definieren diese Punkte auch Ansprüche und ein Anforderungsprofil an das neue kommunale Haushaltsrecht.

Die Umsetzung der Haushaltsstrukturreform

Im Nachgang des Beschlusses der Innenminister haben die Bundesländer die Rechtsgrundlagen für die kommunale Haushaltswirtschaft angepasst. Die Gemeindeordnungen und die Gemeindehaushaltsverordnungen wurden geändert. Bei der konkreten Umsetzung wurden in den Bundesländern unterschiedliche Schwerpunkte gesetzt. Die zum Teil komplizierten Facetten der einzelnen landesrechtlichen Haushaltsvorgaben können hier nicht in jedem Detail dargestellt werden, dafür sind die rechtlichen Vorgaben zu vielfältig. Die Vielfalt der verschiedenen landesrechtlichen Umsetzungen ist häufig und zu Recht Gegenstand von Kritik, da insbesondere die kommunalen Haushaltsdaten über die Landesgrenze hinaus kaum vergleichbar sind. Hier werden die zentralen *Grundzüge* und die *maßgeblichen Strukturen* des neuen kommunalen Haushaltsrechtes dargestellt.

Zwei Modelle: Doppik oder Wahlrecht

Bei einer Gesamtschau der Gemeindeordnungen der einzelnen Bundesländer lässt sich zwischen zwei Grundmodellen der kommunalen Haushaltswirtschaft unterscheiden.

Während in einigen Bundesländern (zum Teil mit erheblichen Übergangsfristen) die klare Vorgabe zur Umstellung der Haushaltswirtschaft auf eine neue Systematik namens *Doppik* besteht, sehen andere Gemeindeordnungen ein kommunales Wahlrecht vor. Hier können die Kommunen entscheiden, ob sie die neue doppische Haushaltsstruktur wählen oder ob ein Modell namens erweiterte Kameralistik praktiziert wird. Für beide Modelle sehen die Gemeindeordnungen spezielle Rechtsvorgaben vor. Außerdem existieren zwei verschiedene Gemeindehaushaltsverordnungen, die auf das jeweilige Modell ausgerichtet sind. Die erweiterte Form der Kameralistik weist nur bedingt eine Ähnlichkeit zur oben dargestellten, althergebrachten Kameralistik auf.

Sofern eine kommunale Wahloption zwischen Doppik und erweiterter Kameralistik besteht, hat die große Mehrzahl der Kommunen die doppische Haushaltsstruktur gewählt (in Schleswig-Holstein z.B. 90% der Kommunen). Diese ist also in der übergroßen Zahl der bundesdeutschen Kommunen die maßgebliche Haushaltssystematik. Im Folgenden soll deshalb diese Struktur ausführlich in ihren Grundzügen beleuchtet werden. Die »erweiterte Kameralistik« soll im Anschluss kurz dargestellt werden. Die weiteren Kapitel dieses Buches (z.B. zur Wirkungsorientierung) beziehen sich dann im Folgenden aufgrund der größeren Bedeutung vornehmlich auf die Doppik.

Eine Wahloption, bei der der Rat entscheiden kann, ob entweder ein Haushalt nach den Grundsätzen der Doppik oder aber der »erweiterten Kameralistik« aufgestellt wird, besteht in den folgenden Bundesländern: *Bayern* (Art. 61 Abs. IV GO), *Hessen* (§ 92 Abs. III GO), *Schleswig-Holstein* (§ 75 Abs. IV GO) und *Thüringen* (§ 52 a GO). In den anderen Bundesländern ist die Doppik die maßgebliche Haushaltsstruktur (zum Teil erlauben aber Übergangsfristen noch ein Hinauszögern der Umstellung).

2.3 Die Doppik als neue Haushaltssystematik

Die meisten Gemeindeordnungen verpflichten die Kommunen zur Rechnungslegung nach einer neuen Systematik. Diese wird häufig als Doppik bezeichnet. Doppik steht für *DOPP*elte Buchführung *I*n *K*onten. Die doppelte Buchführung ist die gängige Rechnungslegungsart im kaufmännisch-betriebswirtschaftlichen Bereich nach dem Handelsgesetzbuch (HGB). Auf dieser Systematik baut das neue kommunale Haushaltswesen auf – es ist an die kaufmännische Rechnungslegung eng angelehnt. Zum Teil verweisen die Rechtsgrundlagen gar auf die Vorgaben des HGB.

Im Folgenden sollen zunächst die Grundzüge dieser neuen kommunalen Haushaltsstruktur dargestellt und erläutert werden. Im Vordergrund steht dabei der Umgang mit dieser Vorgabe und ihr Verständnis für das Agieren in den kommunalen Haushaltsberatungen. Eine politische Bewertung erfolgt später.

Drei-Komponenten-Rechnung

Während die Kameralistik von den beiden Haushaltsbestandteilen »Verwaltungs-« und »Vermögenshaushalt« geprägt war, weist der doppische Haushalt eine Drei-Komponenten-Systematik auf. Die zentralen Bausteine im Rahmen der weiterhin bestehenden Dualität von Haushaltsplanung und Jahresabschluss sind die → *Bilanz*, der → *Ergebnis*- und der → *Finanzhaushalt*.

Anspruch des neuen kommunalen Haushaltsrechtes war insbesondere die Schaffung von Transparenz über die tatsächliche Haushalts- und Finanzlage der jeweiligen Kommune. Hierzu gehört nach der Auffassung der Innenministerkonferenz auch, dass nicht nur die jährlichen Einnahmen und Ausgaben gegenübergestellt werden. Vielmehr soll das komplette Vermögen der Kommune in den Blick genommen werden. Es soll erfasst werden, wie sich Vorgänge im Haushaltsjahr auf das bestehende kommunale Vermögen auswirken. Anders als bei der Kameralistik soll der Verzicht auf notwendige Instandsetzungs- und Sanierungsmaßnahmen nicht einfach eine Entlastung des Haushaltes durch weniger Ausgaben bringen. Der neue Haushalt soll verursachungsgerecht den Ressourcenverbrauch zuordnen.

Hierfür ist Voraussetzung, dass das gesamte kommunale Vermögen überhaupt erst einmal erfasst wird. Aus dieser Anforderung resultierte für die kommunalen Verwaltungen eine Mammutaufgabe. Sie müssen die Wertigkeiten aller Vermögensgegenstände, deren Eigentümerin die Stadt ist, erfassen. Dies zu gewährleisten ist Sinn und Zweck der → *Eröffnungsbilanz.*

Die Eröffnungsbilanz ist eine einmalige Angelegenheit. Sie steht am Anfang der neuen Haushaltswirtschaft (im Unterschied zur originären *Bilanz*, die am Ende des Haushaltsjahres erstellt werden muss und Bestandteil des Jahresabschlusses ist; mit ihr sollen die Veränderungen dokumentiert werden, die finanzwirksame Vorgänge im jeweiligen Haushaltsjahr auf die Vermögens- und Haushaltslage der Kommune zeigen). Die Strukturen einer Eröffnungsbilanz gleichen im Wesentlichen einer ordentlichen Bilanz, die später näher beleuchtet wird.

Vermögenserfassung und Bewertung

Am Beispiel der Eröffnungsbilanz soll gezeigt werden, auf welche Art und Weise die Kommunen ihr Vermögen zu erfassen und mit konkreten Werten zu versehen hatten. Diese Frage ist nicht nur wichtig für das Grundverständnis des doppischen Haushaltes. Auf den Werten der Eröffnungsbilanz bauen zudem zahlreiche Festsetzungen der weiter folgenden Kommunalhaushalte auf.

Das kommunale Vermögen besteht aus vielfältigen Bestandteilen. Hierzu gehören im besten Fall positive Guthaben auf Bankkonten. Diese zu erfassen, ist allerdings nur die halbe »Miete«. Auch Gebäude wie Schulen, das Rathaus etc. sind Teil des kommunalen Vermögens. Zudem stehen Flächen, also Grundstücke oder auch Wälder im kommunalen Eigentum. Zahllose weitere Einzelgegenstände gehören ebenfalls der Kommune. Dazu zählt etwa die Ausstattung des Rathauses mit Computern, Papier und Kugelschreibern etc. Nicht zu vergessen sind kommunale Dienstwagen, Straßenschilder und Gullideckel. Auch Gegenstände der kommunalen Infrastruktur wie Brücken oder Straßen haben ihren Wert und machen im Saldo das Gesamtvermögen der Kommune aus.

Das kommunale Vermögen wertmäßig und aktuell zu beziffern, ist der Anspruch des doppischen Haushaltes. Im Rahmen der Eröffnungsbilanz hatten die Verwaltungen die Aufgabe zu bewältigen, allen Vermögensgegenständen (und damit weitaus mehr als den oben genannten) einen Wert beizumessen. Die Summe ergibt dann das kommunale Gesamtvermögen.

In Anlehnung an das kaufmännische Rechnungswesen wird zunächst zwischen Bestandteilen des *Anlagevermögens* und des *Umlaufvermögens* unterschieden. Zum Anlagevermögen rechnet man alle Vermögensgegenstände, die der dauerhaften Aufgabenerfüllung der Kommune dienen. Dies sind insbesondere Sachanlagen, wie Grundstücke, Maschinen, Infrastruktur etc. Das Gegenstück ist das Umlaufvermögen. Hierzu werden die Vermögensbestandteile gezählt, die nicht dazu bestimmt sind, dauerhaft der Kommune zur Verfügung zu stehen. Hierunter fallen von der Kommune zum Verbrauch vorgesehene Werte, wie zum Beispiel Brennstoffvorräte. Außerdem zählen zum Umlaufvermögen die liquiden Mittel der Kommune, also ihre finanziellen Guthaben. Die Gemeindehaushaltsverordnungen sehen für diese beiden zentralen Obergruppierungen in der Bilanz weitere detailliertere Untergliederungen in spezielle Bestandteile der jeweiligen Vermögensart vor (siehe hierzu die Darstellung auf S. 48/49).

Doch wie ermittelt man den Wert von Brücken und Wäldern, Gullideckeln und Autos? Maßgeblich für die Wertermittlung der meisten Vermögensgegenstände sind die Anschaffungs- oder Herstellungskosten. *Anschaffungskosten* sind Aufwendungen, die geleistet werden, um einen Vermögensgegenstand zu erwerben und in einen betriebsbereiten Zustand zu versetzen. *Herstellungskosten* sind die Aufwendungen, die durch den Verbrauch von Gütern oder die Inanspruchnahme von Dienstleistungen für die Herstellung eines Vermögensgegenstandes in betriebsbereitem Zustand anfallen. (Die Definition von »Anschaffungs-« und »Herstellungskosten« fallen von Bundesland zu Bundesland leicht unterschiedlich aus. Sie lassen sich den jeweiligen Gemeindehaushaltsverordnungen entnehmen.)

Nun spiegeln diese Anschaffungs- und Herstellungskosten nicht die aktuelle Wertigkeit eines Vermögensgegenstandes wider. Immerhin liegen die entsprechenden Aufwendungen ggf. mehrere Jahre zurück. Für die zwischenzeitliche Gebrauchszeit ist in aller Regel ein Wertverlust in Rechnung zu stellen. Aus diesem Grund sind ausgehend von den Anschaffungs- und Herstellungskosten → *Abschreibungen* in der Höhe abzuziehen, die dem individuellen Wertverlust entsprechen (sollen).

Die Höhe bzw. die Berechnung der Abschreibungen richtet sich nach dem Charakter des Vermögensgegenstandes. Für Gegenstände des Anlagevermögens berechnen sich die Abschreibungen in der Regel durch Umlage der Anschaffungs- bzw. Herstellungskosten auf die Dauer der Nutzung. Für jedes Jahr der Nutzung ist ein entsprechender Abschreibungsbetrag abzuziehen, um die aktuelle Wertigkeit zu ermitteln.

Beispiel: Kaufpreis für ein Auto 10.000 €. Bei einer Lebensdauer von zehn Jahren verliert das Auto statistisch 1.000 € pro Jahr an Wert. Ist es bereits vier Jahre alt, beträgt der Wert demnach 6.000 €.

Für die Abschreibungen der diversen Vermögensgegenstände können die Kommunen auf zur Verfügung gestellte Abschreibungstabellen zurückgreifen. Die lineare Abschreibung, also die gleichmäßige Verteilung des Wertverlustes auf die Nutzungsdauer, ist in der Doppik der Regelfall. Die degressive Abschreibung, also eine mit der Nutzungsdauer sinkende Abschreibungshöhe oder andere Abschreibungsformen, stellt die Ausnahme dar.

Merke: Auf die Vermögensgegenstände des Umlaufvermögens werden Abschreibungen nur dann angesetzt, wenn sich zum Bilanzstichtag eine veränderte Wertigkeit aus dem Börsen- oder Marktwert ergibt. Auf Grundstücke und Flächen sind in aller Regel keine Abschreibungen vorzunehmen.

Für zahlreiche Vermögensgegenstände kann eine Wertermittlung anhand von Anschaffungs- oder Herstellungskosten aber nicht vorgenommen werden. Für den Bau des Rathauses liegt schließlich nicht die *eine* Rechnung vor. Die Vermögensbewertung ist in diesen Fällen nach anderen Kriterien vorzunehmen. Maßgeblich ist hierbei zunächst der Oberbegriff der *vorsichtig geschätzten Zeitwerte*. Die *Vorsicht* bei der Bewertung erfordert, alle vorhersehbaren Risiken und Verluste der Wertermittlung zugrunde zu legen, sofern sie zum Stichtag entstanden sind. Gewinne werden hingegen nur berücksichtigt, wenn sie auch tatsächlich realisiert wurden. Der Rechtsbegriff der vorsichtig geschätzten Zeitwerte ermöglicht vor diesem Hintergrund diverse Wertermittlungsarten, die jeweils vom Vermögenstypus abhängig sind. Hierbei sind abhängig vom Charakter des in Rede stehenden Vermögens spezielle Vorgaben zu beachten.

In NRW existieren z.B. bestimmte Waldbewertungsrichtlinien, die einen Wert pro Quadratmeter festsetzen. Für die Bewertung von Grund und Boden liegen Bodenrichtwerte vor, an denen sich zu orientieren ist. Häufig wird hierbei eine Wertansetzung von der Wertigkeit umliegender Flächen abgeleitet (ggf. mit prozentualen Abschlägen). Bei Gebäuden kommt je nach Charakter des Gebäudes insbesondere das *Sachwertverfahren* (bei regelmäßig nicht handelbaren Immobilien) oder das *Ertragswertverfahren* (handelsübliche Immobilien) zum Zuge. Beim Sachwertverfahren wird neben sonstigen zu bewertenden Einflüssen vereinfacht gesprochen auf den → *Aufwand* eines Neubaus abgestellt. Hiervon sind Abschreibungen zur Ermittlung der aktuellen Wertigkeit abzuziehen. Beim Ertragswertverfahren wird die Wertigkeit einer Immobilie in Abhängigkeit von der Dauer der Nutzung und den aus dem Objekt erzielbaren Erträgen (z.B. Mieteinnahmen) berechnet.

Bei allen Berechnungsmodellen können sich die lokalen Verwaltungen auf standardisierte Vorgaben für die Bewertungsmodalitäten stützen. Insbesondere im Hinblick auf geringfügige Mengen oder bestimmte Bestandsgüter sehen die Gemeindehaushaltsverordnungen häufig *Bilanzierungsvereinfachungen* vor. In NRW müssen z.B. abnutzbare Vermögensgegenstände des Anlagevermögens, die weniger als 60 € Anschaffungs- oder Herstellungsaufwendungen verursacht haben, wegen Geringfügigkeit nicht erfasst werden. Für Vorratsgüter, die regelmäßig gebraucht und erneuert werden müssen, können, sofern keine starken Schwankungen festzustellen sind, auch Festwerte für die bilanzielle Veranschlagung angesetzt werden. Die Regeln für die Bilanzierungsvereinfachung finden sich wie auch die Vorgaben für die Wertermittlung im Detail in den jeweiligen Gemeindehaushaltsverordnungen. Sonderregelungen gelten auch für Kunst- und Kulturgegenstände, die beispielsweise in städtischen Museen vorgehalten werden. Hierbei ist häufig bei besonderer Bedeutung des Kunstwerkes der Versicherungswert maßgeblich. Anderenfalls wird lediglich ein sogenannter Erinnerungswert als symbolischer Ansatz in die Bilanz eingestellt.

Merke: Der Wert eines jeden kommunalen Vermögens wird in aller Regel ausgehend von den Anschaffungs- oder Herstellungskosten abgeleitet. Hiervon werden Abschreibungen abgezogen, die sich aus der Umlage der genannten Kosten auf die prognostizierte Lebensdauer ergeben. Nur bei Vermögen, das erkennbar mit der Zeit nicht unbedingt an Wert verliert (Grundstücke, Kunstgegenstände), werden die Wertigkeiten anders – z.B. nach Börsen- oder Marktwerten zum Stichtag – ermittelt.

Die wertmäßige Erfassung des vollständigen kommunalen Vermögens war/ist eine Mammutaufgabe für die Verwaltungen. Obwohl sich hierbei auf diverse Bewertungsvorgaben gestützt werden konnte, steckt der Teufel im Detail. Die Einschaltung von externen Beratern und damit die Ausgliederung von Bewertungsvorgängen war und ist für die Erstellung der Eröffnungsbilanz gängige Praxis.

Zentrale Bausteine des Haushaltsplanes: Finanzplan und Ergebnisplan

Der Rat verabschiedet zu Beginn eines Haushaltsjahres den Haushaltsplan. Wie auch in der Kameralistik ist dieser quasi zweigeteilt. Gab es in der Kameralistik noch die Unterscheidung zwischen Verwaltungs- und Vermögenshaushalt, ist der doppische Haushalt von den Bestandteilen *Finanz-* und *Ergebnisplan* geprägt. Während Verwaltungs- und Vermögenshaushalt noch eine Art alternative Binnenstruktur des Haushaltes dokumentierten, einzelne Vorgänge oder Vorhaben also je nach ihrem inhaltlichen Charakter *entweder* im Verwaltungs- *oder* im Vermögenshaushalt auftauchten, unterscheiden sich Finanzplan und Ergebnisplan nach anderen Gesichtspunkten. Es geht hierbei nicht um die Frage einer sachlichen Zuordnung bestimmter Vorhaben oder Vorgänge zu einer Obergruppe. Vielmehr stellen Ergebnis- und Finanzplan (zum Teil) die gleichen haushaltsrelevanten Vorgänge in einer *anderen Systematik* dar. Dies erscheint auf den ersten Blick merkwürdig. Weshalb diese Doppelung nötig ist, soll im Anschluss an die Darstellung der beiden Bestandteile erläutert werden.

Der *Finanzplan* gleicht der Kapitalfluss- bzw. Cashflow-Rechnung in der kaufmännischen Buchhaltung. Unterteilt in diverse Unterkategorien, die von Bundesland zu Bundesland unterschiedlich ausgestaltet sind (siehe hierzu die Gemeindehaushaltsverordnungen), werden im Rahmen des Finanzplanes alle geplanten *Einnahmen* und *Ausgaben* der Kommune aufgelistet. Die Finanzplanung gleicht damit strukturell der alten kameralen Haushaltssystematik.

Der *Ergebnisplan* steht im Mittelpunkt des neuen doppischen Haushaltsrechtes. Die zentralen Parameter für den Ergebnisplan sind die (geplanten) Erträge und Aufwendungen der Kommune. Der Ergebnisplan entspricht der kaufmännischen Gewinn- und Verlustrechnung.

Aufwand und Ertrag, Einnahmen und Ausgaben

Was sind Aufwand und Ertrag im Gegensatz zu Einnahmen und Ausgaben?

Unter → *Aufwand* versteht man den bewerteten Verbrauch (Werteverzehr) von Gütern und Dienstleistungen der Verwaltung innerhalb eines bestimmten Zeitraumes. Das bedeutet, dass z.B. Abschreibungen als Ausdruck des Werteverlustes an kommunalen Vermögensgegenständen durch Abnutzung oder Verbrauch als Aufwand im → *Ergebnishaushalt* zu verbuchen sind. Unter → *Ertrag* versteht man allgemein einen Wertzuwachs innerhalb einer bestimmten Periode.

Erträge und Aufwendungen auf der einen Seite müssen nicht zwingend mit Einnahmen und Ausgaben auf der anderen Seite übereinstimmen. Während letztere die reinen Zahlungsflüsse dokumentieren, stellen erstere darauf ab, ob ein Vorgang strukturell das kommunale Vermögen (→ *Eigenkapital*) vermehrt oder vermindert. Die Kameralistik und auch der doppische Finanzplan spiegeln also die Vorgänge nach ihrer Kassenwirksamkeit wider (was wird ausgezahlt oder eingenommen). Die Doppik hat ergänzend hierzu den Anspruch, den Verbrauch von Gütern und Dienstleistungen verursachungsgerecht zu verbuchen und die Auswirkung auf die kommunale Eigenkapitalsituation zu erfassen. Das soll der Ergebnisplan leisten.

Was heißt dies konkret? Hier folgen Beispiele für die Unterschiede von Aufwand und Ertrag (Ergebnisplan) auf der einen und Einnahmen und Ausgaben (Finanzplan) auf der anderen Seite:

Beispiel: Der Ankauf von Vermögensgegenständen zu Nutzungszwecken
Nehmen wir an, die Kommune braucht für ihre Beschäftigten einen neuen Dienstwagen. Sie kauft also ein Auto für 10.000 €. Dieser Einkauf wird sich zukünftig *nicht* im Ergebnishaushalt widerspiegeln. Die Kaufpreiszahlung in Höhe von 10.000 € stellt für die Kommune keinen Aufwand dar, da sich die Vermögenslage der Stadt insgesamt nicht verändert. Für den Verlust an Geldvermögen (10.000 €) erhält sie im Gegenzug schließlich einen Vermögensgegenstand (das Auto) mit identischem Gesamtwert.

Aufwand, also eine negative Veränderung der kommunalen Vermögenslage, tritt insofern durch den Kauf des Autos nicht ein, sondern vielmehr erst durch die Abnutzung des Autos durch den laufenden Gebrauch. Anhand von Abschreibungstabellen wird errechnet, wie viel ein bestimmter Vermögensgegenstand pro Jahr an Wert verliert. Diese Abschreibung, also der Wertverlust durch den Gebrauch, macht nach doppischer Haushaltssystematik erst den kommunalen Wertverlust aus. Die Abschreibungen werden daher in den Ergebnishaushalt eingestellt.

Dieses Beispiel macht deutlich, weshalb es in der Doppik sowohl einen Ergebnis- als auch einen Finanzhaushalt braucht. Natürlich bedarf auch die Auszahlung für den Ankauf eines Autos einer haushalterischen Ermächtigungsgrundlage für die Verwaltung. Diese bietet der Ergebnishaushalt durch das Abstellen auf den Aufwand nicht. Der Finanzplan, der Auszahlungen und Einnahmen als Parameter dokumentiert, ist insofern die notwendige Ergänzung zum Ergebnishaushalt.

Übrigens sind ggf. auch Verkaufserlöse oder zu leistende Kaufpreise im Ergebnishaushalt als Ertrag oder Aufwand aufzuführen. Dies ist dann der Fall, wenn der erzielte Preis für einen Vermögensgegenstand vom Buchpreis differiert. Konkret heißt dies: Verkauft die Kommune ein Auto, das nach der oben dargestellten Berechnung nur noch mit einem Wert (nach Abschreibungen) von 2.000 € angesetzt ist, für 3.000 €, weil dies der Marktpreis ist, so ist die Differenz von 1.000 € der strukturelle Vermögenszuwachs durch das Verkaufsgeschäft. Diese 1.000 € werden deshalb auch im Ergebnishaushalt als Ertrag verbucht.

Merke: Einkauf und Verkauf von Vermögensgegenständen tauchen in aller Regel im kommunalen Ergebnishaushalt nicht auf. Hierdurch ändert sich die kommunale Vermögenslage schließlich nicht, da dem Geldverlust ein entsprechender Gegenwert entgegen steht. Nur wenn bei Kauf oder Verkauf ein Preis erzielt wird, der über dem bilanzierten Wert liegt, so muss die positive Differenz als Ertrag bzw. die negative Differenz als Aufwand im Ergebnishaushalt verbucht werden. Die Investitionsleistung lässt sich in aller Regel nur im Finanzplan finden.

Beispiel: Heizöl für das Rathaus
Zur Bewirtschaftung des Rathauses benötigt eine Stadt Heizöl. Dieses wird dreimal im Jahr ein- bzw. nachgekauft. Die Kommune kauft am 17. Februar 4.000 Liter Heizöl für 0,42 € je Liter und muss hierfür 1.680 € zahlen. Am 4. Mai werden erneut 3.000 Liter für nun 0,32 € pro Liter gekauft. Der Kostenpunkt liegt bei 960 €. Im Oktober müssen erneut 5.000 Liter für 0,39 €, also für 1.950 € gekauft werden. Die Gesamtkosten für Heizöl lagen im Jahr also bei 4.590 €.

In der Kameralistik wird im Haushaltsplan für diese Einkäufe ein bestimmter Ansatz festgesetzt. Nehmen wir an, dies wären im entsprechenden Haushaltsjahr 4.750 €. In dem Fall ergäbe der Jahresabschluss, dass durch die Einkaufsvorgänge der Haushaltsansatz um 160 € unterschritten wurde. Wie stellt sich der Vorgang nun in der Doppik im Ergebnisplan dar? Hier stehen nicht die reinen Zahlungsvorgänge im Fokus, sondern der tatsächliche Ressourcenverbrauch. Die Fragestellung ist also: Wie hat sich die Vermögenslage der Kommune im Bereich des Heizöls verändert? Hierbei ist auf den Verbrauch im Haushaltsjahr abzustellen. Besaß die Kommune einen Heizöl-Anfangsbestand im Januar von 3.000 Litern und lag der Heizölpreis zu diesem Zeitpunkt bei 0,33 € je Liter und war der Bestand am Jahresende bei 2.000 Litern à 0,34 € je Liter, ergibt sich hieraus Folgendes für den kommunalen Haushalt nach doppischer Lesart: Summiert man die Wertigkeit des Anfangsbestandes (3.000 mal 0,33 = 990 €) mit den Wertigkeiten der Zukäufe (4.590 €) und zieht man hiervon den Wert des Endbestandes (2.000 mal 0,34 € = 680 €) ab, so erhält man einen Wert von 4.900 €. Dieser Betrag entspricht nun dem tatsächlichen kommunalen Werteverlust durch den Verbrauch von Heizöl im Haushaltsjahr. Hatte man aber als Aufwand nur 4.750 € angesetzt, so wurde dieser Ansatz um 150 € überschritten, der Haushaltsplan also entsprechend nicht eingehalten.

Merke: Maßgeblich ist bei der Doppik, wie sich ein bestimmter Vorgang strukturell auf die kommunale Vermögenssituation auswirkt. Hierbei wird theoretisch nicht auf den Zeitpunkt des Ankaufs und Verkaufs von bestimmten Dingen abgestellt. Maßgeblich ist vielmehr der Zeitpunkt des Verbrauchs bzw. der Nutzung.

- Bei *Steuern* fallen Erträge und Einnahmen in aller Regel zusammen. Die Einnahmen aus der Gewerbesteuer sind insofern für eine Kommune sowohl Erträge als auch Einnahmen. Die Steuern sollten daher sowohl im Ergebnis- als auch im Finanzhaushalt auftauchen.
- *Laufende Löhne* und *Gehälter* für städtische Bedienstete stellen sowohl Auszahlungen als auch Aufwendungen dar. Unterschiede gibt es aber bei den → *Rückstellungen* für Beamtenpensionen. Diese werden ja noch nicht ausgezahlt. Vielmehr kommt mit den Rückstellungen für die Beamtinnen- und Beamtenpensionen zum Zeitpunkt der Inanspruchnahme ihrer Tätigkeit der Grundsatz zum Ausdruck, dass die erst in Zukunft anfallenden Kosten verursachergerecht bereits heute den Haushalt belasten sollen und deshalb auch entsprechend zu verbuchen sind (die Rückstellungen stellen aber kein tatsächlich vorhandenes Konto dar, auf das für die späteren Auszahlungen Gelder »bei Seite« gelegt werden. Zum Charakter der Rückstellungen siehe später unter »Bilanz«).
- Die Kommunen investieren trotz der schlechten Haushalts- und Finanzlage auch weiterhin in die bestehende Infrastruktur, d.h. führen *Instandsetzungsmaßnahmen* durch. Wie diese Maßnahmen, die Vermögensgegenständen im weitesten Sinne zugutekommen, haushaltsrechtlich in der Doppik verbucht werden, hängt von der Natur der Maßnahme ab. Hierbei ist darauf abzustellen, ob es sich um Herstellungsmaßnahmen handelt, oder aber um Erhaltungsmaßnahmen.

  Eine Maßnahme der Erhaltung eines bestehenden Vermögens- und Nutzungsgegenstandes liegt dann vor, wenn diese Investition ein laufender Aufwand in seine Gebrauchstüchtigkeit ist, der im Ergebnishaushalt zu veranschlagen ist.

  Ist die Maßnahme aber als Herstellungsaufwand zu charakterisieren, so wird sie quasi wie eine Neuanschaffung, also wie ein Ankauf behandelt und wird dadurch erst durch die laufenden Abschreibungen belastungsrelevant.

  Herstellungsaufwand kann dabei auch im Kontext von bestehenden Vermögensgegenständen anfallen. Dies ist z.B. dann der Fall, wenn ein Gegenstand erweitert wird bzw. eine über den bisherigen Zustand hinausgehende wesentliche Verbesserung erreicht wird. In diesem Fall verursacht eine Maßnahme Herstellungsaufwand. Dies bedeutet, dass quasi ein neuer Vermögensgegenstand geschaffen wurde, der damit neu zu bilanzieren, also wertmäßig zu erfassen ist. Auch wird in diesem Fall eine neue Restnutzungsdauer bestimmt, um die Höhe der laufenden Abschreibungen als Aufwand in den kommenden Jahren bestimmen zu können.

Als vereinfachtes Beispiel für die Unterscheidung kann man sich folgendes Szenario vorstellen: Fallen für den Dienstwagen des Oberbürgermeisters bzw. der

Oberbürgermeisterin notwendige Reparaturen an, so stellen die daraus resultierenden Kosten Erhaltungsaufwand dar. Wird hingegen eine nahezu schrottreife Karosse massiv »aufgemotzt« und das Auto überhaupt erst wieder fahrtüchtig gemacht, so stellt dies trotz des Aufbauens auf vorhandenen Materialien »Herstellungsaufwand« dar. Ein solcher Vorgang wird quasi wie ein Kauf behandelt und belastet damit zunächst den Ergebnishaushalt nicht.

Merke: Ob eine Maßnahme zugunsten eines Vermögensgegenstandes als Aufwand im Ergebnishaushalt verbucht wird oder nicht, hängt davon ab, ob der Gegenstand durch die Maßnahme faktisch neu geschaffen wird. Dann wird die Maßnahme im Prinzip wie ein Kauf behandelt, die Maßnahme stellt also keinen Aufwand dar. Dieser tritt erst durch die laufenden Abschreibungen ein. Dient die Maßnahme hingegen der laufenden Investition in die Betriebstüchtigkeit, ist hierin auch ein entsprechender Aufwand zu sehen, der im Ergebnishaushalt festzuhalten ist.

Struktur des Haushaltsplanes, Einzelbestandteile und Bedeutung

Die Gemeindehaushaltsverordnungen sehen in aller Regel unmittelbar zu Beginn konkrete Vorgaben für den Aufbau und die Struktur des Haushaltsplanes vor. Als Grundstruktur lässt sich dabei Folgendes aufführen:

Als erster Einstieg in den Haushaltsplan dient der *Vorbericht*. Dieser wird in aller Regel vom Kämmerer bzw. der Kämmerin erstellt. Hier werden die Grunddaten des Haushaltes dargestellt. Im Rahmen des Vorberichtes gibt die Kämmerei häufig gewisse Wertungen zu den Ursachen der dargestellten Haushaltslage und zeichnet auch ein Bild der zukünftigen Haushaltsentwicklung.

Die Kommune hat als *Gesamtübersicht* jeweils den (Gesamt-)Ergebnisplan und den (Gesamt-)Finanzplan auszuweisen. Im Rahmen einer sogleich dargestellten Binnenunterteilung werden hier auf wenigen Seiten alle haushaltswirksamen Vorgänge erfasst und im Saldo aufgeführt. (Gesamt-)Ergebnis- und (Gesamt-)Finanzplan summieren also die einzelnen Haushaltsvorgänge und bilden damit kompakt die wesentlichen Grunddaten des Haushaltes ab.

Hierbei ist es wichtig, die aus den Daten des Ergebnis- und Finanzplanes resultierenden Aussagen noch einmal zu konkretisieren: Der *Finanzplan* dokumentiert letztlich die für das Haushaltsjahr geplanten Zahlungsflüsse, also die Gesamtgröße der voraussichtlichen Einnahmen und Ausgaben. Weist der Finanzhaushalt im Saldo einen negativen Wert aus, hat die Kommune mehr ausgegeben als eingenommen.

Hieraus resultiert eine Verringerung ihrer Liquidität, also der verfügbaren Geldmittel (sofern die Kommune überhaupt noch über Reserven verfügt; der

Zusammenhang: Negatives Ergebnis des Finanzplanes = Verringerung der Liquidität wird unten bei der kommunalen Bilanz näher erläutert).

Der *Ergebnisplan* soll im Gegensatz zum Finanzplan ausweisen, ob die Kommune durch die Vorgänge im Haushaltsjahr eigenes Vermögen vermehrt, oder aber im Saldo Ressourcen verbraucht. Dabei ist die Höhe der Einnahmen und Ausgaben nicht (alleine) maßgeblich. Es kommt vielmehr darauf an, welche strukturellen Werte im Haushaltsjahr geschaffen wurden. Die Parameter Ertrag und Aufwand sollen dies erfassen. Sieht die Kommune im Ergebnisplan einen positiven Saldo von Ertrag und Aufwand vor, so folgt daraus, dass sie im Haushaltsjahr einen strukturellen Zuwachs eigenfinanzierten Vermögens verzeichnen kann. Übersteigen die Aufwendungen hingegen die Erträge, so resultiert daraus, dass die Kommune eigene Werte, also kommunales Vermögen verzehrt hat (dieser Zusammenhang wird ebenfalls unten beim Thema Bilanz näher ausgeführt).

Wichtig: Im Gesamtergebnis und im Gesamtfinanzplan lassen sich die wesentlichen Grunddaten des Haushaltes ablesen. Der Finanzplan weist im Saldo aus, ob die Kommune mehr einnimmt als sie ausgibt oder umgekehrt. Der Ergebnisplan weist aus, ob die Kommune in einem Haushaltsjahr insgesamt mehr eigene Ressourcen verbraucht als geschaffen hat. Deshalb lässt sich hier auch ablesen, ob der Haushalt »ausgeglichen« ist oder nicht.

Die Gesamtpläne werden häufig zweifach dargestellt – einmal stark zusammengefasst und einmal etwas stärker in (Sach-)Konten spezifiziert. Dadurch werden z.B. bei den ordentlichen Erträgen einmal allgemein die Steuern und ähnliche Abgaben zusammengefasst und einmal in die jeweiligen Steuerarten aufgeschlüsselt (Gewerbesteuer etc.). Einzelne kommunale Vorhaben wie der Bau einer neuen Stadthalle oder bestimmte Schulsanierungen tauchen in den Gesamtplänen aber nicht auf – entsprechende Ansätze gehen vielmehr in einer abstrakten bzw. globalen Haushaltskategorie wie »Auszahlungen für Baumaßnahmen« auf. Die Kommunalpolitik braucht aber für die politische Steuerung und Schwerpunktsetzung auch Haushaltsbestandteile, die konkret die jeweiligen Ansätze für einzelne Vorhaben ausweisen. Was diesbezüglich in der Kameralistik die Einzelpläne ermöglichten, soll in der Doppik über die »Teilhaushalte« gewährleistet werden. Sowohl diese Teilhaushalte als auch der Gesamtergebnis- bzw. Finanzplan müssen in ihren Aufbau einem vorgegebenen Darstellungsrahmen entsprechen. Diese Binnenstruktur der einzelnen Ergebnispläne zieht sich in gleicher Form durch den Gesamthaushalt und soll daher

Ergebnisplan

	Ertrags- und Aufwandsarten	Ergebnis des Vorjahres EUR	Fortgeschriebener Ansatz des Haushaltsjahres EUR	Ist-Ergebnis des Haushaltsjahres EUR	Vergleich Ansatz/Ist (Sp. 3 ./. Sp. 2) EUR
		1	2	3	4
1	Steuern und ähnliche Abgaben				
2	+ Zuwendungen und allgemeine Umlagen				
3	+ Sonstige Transfererträge				
4	+ Öffentlich-rechtliche Leistungsentgelte				
5	+ Privatrechtliche Leistungsentgelte				
6	+ Kostenerstattungen und Kostenumlagen				
7	+ Sonstige ordentliche Erträge				
8	+ Aktivierte Eigenleistungen				
9	+/– Bestandsveränderungen				
10	= **Ordentliche Erträge**				
11	– Personalaufwendungen				
12	– Versorgungsaufwendungen				
13	– Aufwendungen für Sach- und Dienstleistungen				
14	– Bilanzielle Abschreibungen				
15	– Transferaufwendungen				
16	– Sonstige ordentliche Aufwendungen				
17	= **Ordentliche Aufwendungen**				
18	= **Ergebnis der laufenden Verwaltungstätigkeit** (= Zeilen 10 und 17)				
19	+ Finanzerträge				
20	– Zinsen und sonstige Finanzaufwendungen				
21	= **Finanzergebnis** (= Zeilen 19 und 20)				
22	= **Ordentliches Ergebnis** (= Zeilen 18 und 21)				
23	+ Außerordentliche Erträge				
24	– Außerordentliche Aufwendungen				
25	= **Außerordentliches Ergebnis** (= Zeilen 23 und 24)				
26	= **Jahresergebnis** (= Zeilen 22 und 25)				

an dieser Stelle dokumentiert werden. Dabei wird sich auf den Ergebnishaushalt konzentriert, da dieser nach dem neuen Ressourcenverbrauchskonzept das Kernstück des Haushaltes ausmacht. Der Aufbau der Finanzpläne gleicht dieser Struktur im Wesentlichen (im Detail der Anordnung der jeweiligen Positionen gibt es von Bundesland zu Bundesland gewisse Unterschiede, die Grobstruktur ist allerdings weitestgehend identisch).

Im Rahmen eines *Ergebnisplanes* werden zunächst diverse Ertragsvarianten wie z.B. Steuern oder öffentlich-rechtliche Leistungsentgelte aufgeführt. Diese stellen die ordentlichen Erträge (oder auch laufenden Erträge aus Verwaltungstätigkeit genannt) dar. Dem stehen die laufenden bzw. ordentlichen Aufwendungen entgegen. Hierunter werden beispielsweise die Personalaufwendungen oder auch die Abschreibungen gefasst und auch speziell aufgeführt. Nach der Aufführung dieser Positionen und ihren jeweiligen Salden, ergibt sich hieraus der Gesamtsaldo dieser Positionen, das Ergebnis der laufenden Verwaltungstätigkeit. Hierzu kommen Finanzerträge wie z.B. Zinserträge, abzgl. der in aller Regel überwiegenden Zinslasten. Den Saldo dieses Finanzergebnisses erhöht oder vermindert das Ergebnis der laufenden Verwaltungstätigkeit zum ordentlichen (Jahres-)Ergebnis. Außerordentliche Erträge oder Aufwendungen (die jenseits der gewöhnlichen Verwaltungstätigkeit anfallen; diese sind im Regelfall im Haushaltsanhang zu erläutern) führen dann zum Jahresergebnis. Das Jahresergebnis wird regelmäßig noch durch interne Leistungsbeziehungen verändert. Hierunter werden diejenigen Erträge oder Aufwendungen gefasst, die für Leistungen innerhalb der Verwaltungssphäre aufgebracht werden müssen.

Eine derartige schematische Darstellung prägt sowohl den Gesamtergebnisplan als auch die einzelnen Teilergebnispläne. Die Struktur gleicht hierbei einer Tabelle oder Staffel. Die einzelnen Positionen sind nummeriert, sodass in den Plänen relativ schnell abgelesen werden kann, aus welchen Positionen sich bestimmte Salden ergeben. Das Ergebnis der laufenden Verwaltungstätigkeit (siehe Nr. 18 in der nebenstehenden Übersicht) ergibt sich hierbei z.B. aus den ordentlichen Erträgen (Nr. 10) und den ordentlichen Aufwendungen (Nr. 17).

Die Teilhaushalte

Eine kommunale Steuerung der Haushaltsführung bedarf der Aufschlüsselung des Haushaltes in konkrete Einzelpositionen. Anders kann ein Ratsmitglied nicht nachvollziehen, welche Prioritäten seine/ihre Entscheidung für oder gegen den Haushalt setzt bzw. verhindert. Früher sah die Kameralistik die Untergliederung des Haushaltes in »Einzelpläne« vor. Eine der neuen Systematik angepasste Entsprechung dieser Aufschlüsselung stellen in der Doppik die Teilhaushalte dar. Die Untergliederung in solche Teilhaushalte als zentrale Bestandteile des Haushaltsplanes wird von der Gemeindehaushaltsverordnung auch vorgegeben. Hierbei bestehen die Teilhaushalte stets aus je einem Teilergebnisplan und einem Teilfinanzplan für das jeweilige Haushaltsgebiet. Die Binnenstruktur, also der Aufbau der Teilpläne gleicht in der tabellarischen Struktur dem der Gesamtpläne für Ergebnis- und Finanzhaushaltsplan. Hier werden also in Gestalt von Einzelpositionen die verschiedenen Positionen beispielsweise der »ordentlichen Aufwendungen« in diesem Teilergebnisplan wiedergegeben. Der Teilhaushalt stellt damit die konkrete, auf einzelne Vorhaben und Projekte bezogene Grundlage des Haushaltes dar. Die Durchsicht der Teilhaushalte ermöglicht also erst die Beantwortung der Frage, wo konkret mit dem Haushaltsplan Prioritäten gesetzt werden.

Wichtig: Während die Gesamtergebnispläne also beispielsweise den (abstrakten) Gesamtsaldo aller Sach- und Dienstleistungsaufwendungen angeben, beantwortet der Teilergebnisplan für die »Mustergrundschule«, wie viel bei ihr konkret für die Gebäudeunterhaltung, die Gewährleistung der Lernmittelfreiheit und die Gebäudeversicherung aufzuwenden war.

Wichtig ist auch die Frage nach der Systematik der Haushaltsuntergliederung, also wie und wofür nun ein Teilplan einzurichten ist. Hierbei besteht für die Kommunen grundsätzlich freie Hand. Die Bundesländer haben meist nur grobe Rahmen für die Untergliederung vorgegeben und damit Spielraum für eine spezifische Ausprägung nach den örtlichen Begebenheiten gelassen. Dies ist auch notwendig, da eine zentrale Vorgabe für die einzelnen Untergliederungspunkte in jeder Kommune sachgerecht wohl nicht möglich wäre.

Zentral ist zunächst in allen Bundesländern für die Teilergebnispläne die *Produktorientierung*. Anspruch des neuen kommunalen Haushaltsrechtes war es, die Haushaltsführung von einer Input-Orientierung zu einer Ausrichtung auf die Ergebnisse des Mitteleinsatzes zu ändern.

Wichtig: Entscheidend soll in der Doppik nicht mehr lediglich sein, wie viel Geld wo investiert wird, sondern welche Resultate hierdurch erzielt werden. Kommunalpolitische Prioritätensetzung soll sich nicht mehr lediglich im Erhöhen von Haushaltsposten erschöpfen müssen.

Soll die Kommunalpolitik stärker als bislang den Mitteleinsatz ergebnisorientiert steuern können, rückt die konkrete kommunale Leistung und nicht der schlichte Geldeinsatz in den Fokus. Dies hat Folgen für die Haushaltsstruktur. Die kommunale Leistung (Produkt) wird zur Grundlage des Haushaltes.

Produkte
Unter → *Produkten*, auf die der Haushalt strukturell gründen soll, versteht man (zusammengefasste) Leistungen und Arbeitsvorgänge der Verwaltung, die für Dritte außerhalb der Verwaltung, aber auch für den Leistungsprozess innerhalb der Verwaltung erbracht werden.

Konkret bedeutet das, dass die Kommune nunmehr bestimmte Leistungen als Produkte zu definieren hat. Beispielsweise kann die »Förderung von Kindern in Tageseinrichtungen« als Produkt definiert und ein entsprechender Teilhaushalt eingerichtet werden. Die Produkte sind von der Kommune in aller Regel frei definierbar. Mehrere Produkte können zu *Produktgruppen* zusammengefasst und der Haushalt hierauf ausgerichtet werden. Lediglich die übergeordnete Ebene der Produktbereiche wurde in den Bundesländern durch die Landesebene vorgegeben bzw. zwingend erforderliche *Produktbereiche* definiert. Insofern ergibt sich hieraus die Notwendigkeit zur Darstellung eines Gesamtteilplanes für den jeweiligen Produktbereich, der die Werte der ihn ggf. weiter untergliedernden Teilhaushalte auf Produkt- oder Produktgruppenebene aufführt.

Die Kommune ist in den meisten Bundesländern frei darin, Produkte oder Produktgruppen durch die Zusammenfassung bestimmter Leistungsprozesse zu definieren. Dies bietet die Freiheit, sehr konkrete Produkte zu definieren und in Teilhaushalten darzustellen. Dies erhöht die Detailtreue des Haushaltes, führt aber durch die Summe an erforderlichen Teilhaushalten oder Erläuterungen zu einer großen Fülle an zu verarbeitenden Informationen. Dies beeinträchtigt ggf. die Übersichtlichkeit und letztlich auch die Handhabung des Haushaltes.

Beispiel: Die Kommune könnte ein Produkt »Schulträgeraufgaben« definieren und hierzu einen Teilhaushalt erstellen. Sie könnte diesen Punkt aber weiter spezifizieren, da ein Produkt Schulträgeraufgaben ausgesprochen viele Leistungsprozesse wiedergeben und dadurch zwangsläufig stark zusammenfassen müsste. Es bietet sich daher an, die »Schulträgeraufgaben« zur Produktgruppe zu erklären und mehrere Produkte in diesem Leistungsspektrum zu definieren. Ein Produkt könnte dann für jede einzelne Schule eingerichtet und jeweils ein Teilhaushalt pro Schule mit den spezifischen Angaben hierfür erstellt werden.

Die freie Zusammenfassbarkeit von Produkten bzw. deren ungeregelte Definierbarkeit hat sich in der Praxis als problematisch erwiesen. Häufig fassen Verwaltungen diverse Leistungen zu einem Produkt oder einer Produktgruppe zusammen. Darunter kann die Transparenz für die Kommunalpolitik leiden, da die konkreten Leistungsbestandteile bei einer stark zusammengefassten Produktdefinition möglicherweise nicht mehr zu erkennen sind. Bei den Haushaltsberatungen ist auf eine transparente Produktstruktur zu achten bzw. deren umfassende Erläuterung einzufordern.

Konkrete Alternative: Aufbau nach Produktbereichen oder der städtischen Organisationsstruktur?

Bis auf Brandenburg und Niedersachsen eröffnen alle Bundesländer ihren Kommunen im Rahmen der Gemeindehaushaltsverordnungen ein Wahlrecht für den konkreten Aufbau bzw. die Struktur der Teilhaushalte. Es steht den Kommunen frei, die Produktorientierung dadurch zu gewährleisten, dass die Aufbaustruktur unmittelbar nach den Produkten, Produktgruppen bis zu den Produktbereichen vorgenommen wird. Die Teilhaushalte werden demnach also unmittelbar nach Produktbereichen und diese wiederum nach Produktgruppen und/oder Produkten gestaffelt. Verwaltungsseitige Leistungsprozesse prägen damit unmittelbar die Haushaltsstruktur, wobei auf der Ebene der Teilhaushalte auch die personelle Verantwortung in der Verwaltung für das bestimmte Produkt angegeben wird.

Alternativ hierzu können die Kommunen eine Gliederung der Teilhaushalte nach dem Aufbau der kommunalen Verwaltungsorganisation vornehmen. Hier ergeben sich die einzelnen Teilhaushalte aus der Dezernats- oder Ämterstruktur der Stadt. Ein Teilhaushalt wäre beispielsweise für das Dezernat »Wirtschaft und Tourismus« einzurichten und ggf. weiter anhand der Organisationsstruktur der Verwaltung (z.B. nach den Ämtern des Dezernats) zu untergliedern. Auch bei dieser Untergliederung nach dem Verwaltungsaufbau ist die Produktorientierung zu gewährleisten. Die Kommune hat beim organisationsorientierten Aufbau die in einem Organisationsbereichsbereich anfallenden Produkte zu dokumentieren und aufzuführen. Auch eine Zuordnung zu den vorgegebenen Produktbereichen ist verpflichtend.

Vor- und Nachteile der Aufbauvarianten

Bei einem kommunalen Wahlrecht für den Aufbau bzw. die Systematik der Teilhaushalte stellt sich die Frage, welchen Vorteil die eine oder andere Systematik bringt, bzw. welcher Nachteil mit ihr verbunden ist.

Die konkrete Entscheidung sollte natürlich unter Berücksichtigung der örtlichen Begebenheiten erfolgen. In systematischer Hinsicht sprechen einige Argumente für einen Aufbau unmittelbar nach Produkten bzw. Produktgruppen und nicht nach der örtlichen Organisationsstruktur. Dies ergibt sich daraus, dass die Organisationsorientierung nur auf den ersten Blick eine klarere Zuordnung von Verantwortlichkeiten bringt. Gerade die bei beiden Strukturen vorgegebene Produktorientierung bedingt, dass ein Aufbau nach der Verwaltungsorganisation zu Doppelungen in der Darstellung führen kann. Denn der Aufbau nach Organisationsgesichtspunkten führt dazu, dass ein und dasselbe Produkt, das ggf. fach- oder amtsübergreifend geleistet wird, auch in mehreren Teilhaushalten abzubilden ist.

Außerdem führen organisatorische Veränderungen innerhalb der Verwaltungssphäre dazu, dass sich zwangsläufig der Aufbau und die Struktur des Haushaltes verändern müssen. Das hat letztlich zur Folge, dass sich über die Haushaltsjahre hinweg der Haushaltsaufbau verändert und damit eine mittelfristige Vergleichbarkeit entfällt. Der unmittelbar produktorientierte Aufbau bietet im Gegensatz hierzu die Chance auf größere Kontinuität für den Aufbau, was für die kommunale Haushaltssteuerung wichtig sein kann. Insbesondere entspricht der Aufbau nach Produkten/Produktgruppen konsequenter dem Anspruch der Doppik, wonach der Haushalt stärker auf die Ergebnisse des Mittel- und Ressourceneinsatzes ausgerichtet werden soll. Wenn eine kommunale Leistung wirklich zur Grundlage der Haushaltsführung gemacht werden soll, so muss sich dies auch in den Teilhaushalten unmittelbar und transparent widerspiegeln. Die »Produktorientierung« dürfte aber regelmäßig unter einem Aufbau nach Organisationsgesichtspunkten leiden.

Wichtig: Die Entscheidung, welche Darstellungsart (direkt nach Produkten/Produktgruppen oder der Verwaltungsorganisation) gewählt wird, obliegt der Kommune und damit letztlich dem Rat und den Ratsmitgliedern.

Budgets

Im Kontext der Teilhaushalte ist zudem auf die → *Budgets* hinzuweisen. Aus dem Gedanken der Ressourcenverantwortung resultierte die Stärkung des Budgetierungsansatzes. Hierunter zu verstehen ist die Zuweisung eines allgemeinen Finanz- und Ressourcenrahmens im Kontext einer Organisationssphäre oder eines Leistungsspektrums. Konkret bedeutet dies, dass im Rahmen eines (häufig an die Ebene der Teilhaushalte gekoppelten) Budgets die dortigen Haushaltsansätze für gegenseitig deckungsfähig erklärt werden. Die Verwaltung wird also ermächtigt, innerhalb eines Budgets weitestgehend selbstständig zu agieren und bestimmte Ansätze zulasten anderer Budgetbestandteile heranzuziehen. Lediglich dem Prinzip der Gesamtdeckung innerhalb eines Budgets muss hierbei Rechnung getragen werden. Budgets werden häufig für bestimmte Organisationseinheiten (Dezernate, Ämter etc.) eingerichtet oder aber nach dem inhaltlichen Leistungskontext für bestimmte Produkt(-gruppen).

Gelegentlich sehen die Gemeindehaushaltsverordnungen vor, dass ein Teilhaushalt grundsätzlich für die dortigen Ansätze ein Budget bildet, sofern der Rat nicht ausdrücklich etwas anderes bestimmt. Es ist darauf zu achten, dass die Verbindung diverser Ansätze zu einem Budget grundsätzlich aus dem Haushalt hervorgeht. Dies ist notwendig, da letztlich die Entscheidung zu einer solchen Budgetbildung dem Rat obliegt. Er entscheidet, ob für bestimmte Ansätze die gegenseitige Deckungsfähigkeit im Sinne eines Budgets gegeben sein soll. Während meist die Gemeindehaushaltsverordnungen gewisse Bestimmungen für die Bewirtschaftung von Budgets vorgeben, steht es dem Rat in aller Regel frei, konkrete Vorgaben für die Budgetbewirtschaftung zu machen. Hierbei kann beispielsweise bestimmt werden, welche Positionen grundsätzlich *nicht* gegenseitig deckungsfähig sind.

Wichtig: Budgets geben der Verwaltung Spielraum für flexible Entscheidungen, ohne stets bei marginalen Problemen die Zustimmung der Kommunalpolitik einholen zu müssen. Dieser positive Ansatz darf aber nicht darüber hinwegtäuschen, dass durch die Bildung von Budgets die Weichenstellung des Rates durch Veranschlagung von konkreten Haushaltstiteln unterlaufen werden kann. Die Zusammensetzung von Budgets ist daher genau zu untersuchen.

Kosten- und Leistungsrechnung

Zum Teil verpflichten die Gemeindehaushaltsverordnungen die Kommunen zur Erstellung einer → *Kosten- und Leistungsrechnung*. Zum Teil »sollen« die Kommunen eine solche nach den örtlichen Begebenheiten erstellen. Die Kosten- und Leistungsrechnung ergänzt den kommunalen Haushalt. Hierdurch soll der Politik die Grundlage dafür geben werden, die einzelnen Leistungsprozesse der Verwaltung zu erfassen und im Hinblick auf die exakte Kostenstruktur einzelner Vorgänge eine wirksame Bewertung und daraus folgend auch eine Steuerung vornehmen zu können.

Auch die Kosten- und Leistungsrechnung ist wie die Grundsystematik der Doppik der Betriebswirtschaft entlehnt. Sie dient in diesem Kontext insbesondere dem Zweck, die Hintergründe einzelner Leistungsvorgänge transparent aufzuarbeiten. Die z.T. stark zusammengefasste Darstellungsweise der produktorientierten Teilhaushalte vermag dies nicht (immer) zu gewährleisten. Ein Beleg hierfür ist z.B. die häufig in den Teilhaushalten vorgesehene Position »Bewirtschaftung von Gebäuden« (z.B. im Kontext von Schulen). Die hierunter zusammengefassten Leistungsprozesse wie Wärme-, Wasser- und Stromversorgung tauchen mit ihrer individuellen Kostenstruktur i.d.R. in einem Teilhaushalt des Ergebnisplanes nicht separat auf.

Diese Informationen können aber in der Kosten- und Leistungsrechnung angegeben und aufbereitet werden. Hierbei sind grundsätzlich betriebswirtschaftliche Besonderheiten wie → *kalkulatorische Kosten* zu berücksichtigen. Abschreibungen im Rahmen einer Kosten- und Leistungsrechnung beinhalten demnach z.B. neben dem prognostizierten Wertverbrauch durch Abnutzung häufig auch Kostenansätze, die auf die Wiederbeschaffung nach vollständigem Verbrauch des Gegenstandes abzielen.

Durch diese Fokussierung nicht nur auf Abnutzung, sondern auch auf die Wiederanschaffung soll eine Haushaltspraxis nahegelegt werden, die den Leistungsprozess nachhaltig gewährleistet. Die Kosten- und Leistungsrechnung in der Doppik dient vor diesem Hintergrund durch die kostenmäßige Aufarbeitung konkreter Leistungsprozesse insbesondere der Ermittlung passgenauer Gebührensätze für die Inanspruchnahme kommunaler Leistungen (z.B. bei Wassergebühren). Die Ausgestaltung der Kosten- und Leistungsrechnungen variiert in der Schwerpunktsetzung und Ausgestaltung von Kommune zu Kommune stark.

Weitere Pflichtbestandteile oder Anlagen des Haushaltsplanes

Die Teilpläne machen einen Großteil des Haushaltes aus. Der Haushaltsplan besteht allerdings noch aus weiteren Bestandteilen bzw. Anhängen. Diese Pflichtbestandteile ergeben sich aus den Regelungen der jeweiligen Gemeindehaushaltsverordnungen. Einen Pflichtbestandteil des Haushaltsplanes stellt in aller Regel der Stellenplan dar. Der *Stellenplan* dokumentiert die Personalsituation in der Kommune durch Angabe der (ggf. auch unbesetzten) kommunalen Arbeits- und Planstellen. Diese Stellen sind häufig direkt den Produktbereichen bzw. Teilhaushalten zugeordnet.

Die Gemeindehaushaltsverordnung verpflichtet darüber hinaus dazu, dem Haushaltsplan zahlreiche weitere Bestandteile beizufügen. Dies ist häufig eine Übersicht über die Gesamtsumme der *Verpflichtungsermächtigungen*. Diese ermöglichen es dem Budgetgeber, auch Bindungen für die Zukunft einzugehen, die über die Geltungsdauer des Haushaltes hinausgehen. Sofern beispielsweise ein größeres Bauprojekt realisiert werden soll, kann der mehrere Jahre dauernde Bau nicht von einem jährlichen Beschluss des Rates abhängen. Vielmehr kann der Rat einem Projekt auch bereits zum Projektbeginn eine haushaltsrechtliche Grundlage für die gesamte Realisierungszeit verschaffen. Diese Verpflichtungsermächtigungen binden den Rat über den Jährlichkeitsgrundsatz des Haushaltes hinaus.

Häufig sieht der Haushalt im Anhang eine Aufführung der investiven *Einzelmaßnahmen* (ggf. auch in mittelfristiger Perspektive) ab einer bestimmten Investitionssumme vor. Sollte dies nicht der Fall sein, kann beantragt werden, eine entsprechende Übersicht durch die Verwaltung erstellen zu lassen.

Weitere Anlagen sind Gesamtübersichten über die *Verbindlichkeiten/Schulden* einer Stadt bzw. der Entwicklung derselben. Die *Haushaltsentwicklung* in mittelfristiger Hinsicht wird ebenfalls häufig als Anlage vorgegeben. In NRW knüpfen an die (prognostizierten) Werte der mittelfristigen Ergebnis- und Finanzplanung sogar bei entsprechenden Defiziten haushaltsrechtliche Reglementierungen an (hierzu später). In kreisfreien Städten sind zudem häufig die stadtbezirksbezogenen Ansätze gesondert darzustellen. Auch die *Zuwendungen* der Stadt an die Ratsfraktionen müssen häufig gesondert ausgewiesen werden.

Regelmäßig gehört zur Anlage des Haushaltsplanes auch ein *Beteiligungsbericht*, also eine Übersicht über die ausgegliederten kommunalen Unternehmen und deren wirtschaftlicher Situation. Der Aspekt der Darstellung der umfassenden kommunalen Wirtschaftslage im Hinblick auf die Ausgliederungen kommt später noch beim Thema Jahresabschluss/Gesamtabschluss zum Tragen. Häufig werden Jahres- oder Gesamtabschlüsse aus den Vorjahren (meist in der Übersicht) den Haushaltsplänen beigefügt.

Die »nackten« Zahlen der Teilhaushalte schaffen häufig noch keine umfassende Transparenz über die hinter den Zahlen stehenden Projekte. Die Gemeindehaushaltsverordnungen verpflichteten die Verwaltungen deshalb nach kameraler Systematik dazu, die einzelnen Haushaltspositionen zu »erläutern«. Zum Teil ist die Verpflichtung zur *Erläuterung* im Zuge der Einführung der Doppik entfallen (so z.B. in Nordrhein-Westfalen). Dies dürfte darin begründet liegen, dass durch die Verpflichtung zur Definition von Zielen für die einzelnen Produkte und die Angabe von systematischen Kennziffern für die konkrete kommunale Leistung (siehe hierzu später beim Thema Haushaltssteuerung) eine gewisse Art Ersatz gefunden wurde. Selbst wenn die Verpflichtung zur Erläuterung entfallen ist, steht es der Kommune frei, solche Angaben auch in Zukunft zu machen.

Wichtig: Auf erläuternde Angaben sollte in jedem Fall Wert gelegt werden. Es sind also auch Ratsbeschlüsse denkbar, die die Verwaltung zur Erläuterung verpflichten. Damit kann einer mangelhaften Transparenz des Haushalts durch die klare Vorgabe, was von der Verwaltung an Hintergrundinformation zu liefern ist, abgeholfen werden.

Jahresabschluss

Der → *Jahresabschluss* stellt am Ende des Haushaltsjahres das Gegenstück zum Haushaltsplan dar. Hier werden die im Laufe des Haushaltsjahres tatsächlich realisierten Vorgänge festgestellt. Der Jahresabschluss ermöglicht damit den Vergleich, ob die Planansätze des beschlossenen Haushaltes auch tatsächlich eingehalten werden konnten. Die Struktur des Jahresabschlusses gleicht weitestgehend dem des Haushaltsplanes. Dies ist auch erforderlich, um das Abgleichen von Planansätzen und tatsächlichen Werten zu ermöglichen. Der Jahresabschluss sieht bei einer parallelen Aufbaustruktur ebenfalls eine Gesamtergebnisrechnung, eine Gesamtfinanzrechnung und entsprechende Teilhaushaltsrechnungen (jeweils für einen Ergebnis- und Finanzpart) vor.

Die kommunale Bilanz

Eine Besonderheit des doppischen Haushaltes stellt die umfassende Erfassung des kommunalen Vermögens im Rahmen einer *Bilanz* dar. Diese hat als Teil des haushalterischen Jahresabschlusses die Funktion, jeweils die umfassende Vermögenssituation der Kommune zum Ende eines Haushaltsjahres abzubilden. Hierdurch soll erfasst werden, über welche Vermögenswerte sie überhaupt verfügt. Außerdem können durch die Bilanzierung des Vermögens auch Aussagen über die Entwicklung der kommunalen Ressourcen und deren Finanzierungsstruktur getroffen werden.

Zur Erinnerung: Die Wertigkeit des Anlage- bzw. Sachvermögens ergibt sich maßgeblich aus den Anschaffungs- oder Herstellungskosten. Hiervon sind dann die Abschreibungen, die den Wertverlust beziffern sollen, abzuziehen.

Die Bilanz stellt einen übersichtlichen Bestandteil des Jahresabschlusses dar. Sie wird in der Regel auf wenigen Seiten abgebildet. Die Bilanz ist ebenfalls in der Form einer Tabelle aufgebaut und gibt zweispaltig die vermögensrelevanten Angaben wieder (siehe die Grafik auf der folgenden Doppelseite).

Die Aktivseite der Bilanz: In der Spaltenstruktur der Bilanz finden sich links die → *Aktiva*. Hier soll aufgeführt werden, über welche Vermögenswerte die Kommune verfügt und welche Wertigkeit diesen beizumessen ist. In aller Regel werden die Aktiva untereinander nach den Grobkategorien des *Anlagevermögens* und des *Umlaufvermögens* unterteilt.

Unter Anlagevermögen versteht man die Werte, die der dauerhaften kommunalen Aufgabenerfüllung dienen. Hierunter sind insbesondere die Vermögensgegenstände zu fassen, die längerfristig zu Nutzungszwecken an die Kommune gebunden sind. Die Gemeindehaushaltsverordnungen sehen in der Regel weitere Untergliederungsvorgaben für bestimmte Arten des Anlagevermögens vor. Neben Untergliederungspunkten wie »bebaute Grundstücke« (Schulen etc.), »unbebaute Grundstücke« (Wälder, Ackerland etc.) gibt es auch Gliederungs-

Struktur der kommunalen Bilanz in Nordrhein-Westfalen

AKTIVA

1. Anlagevermögen
   - 1.1 Immaterielle Vermögensgegenstände
   - 1.2 Sachanlagen
     - 1.2.1 Unbebaute Grundstücke und grundstücksgleiche Rechte
       - 1.2.1.1 Grünflächen
       - 1.2.1.2 Ackerland
       - 1.2.1.3 Wald, Forsten
       - 1.2.1.4 Sonstige unbebaute Grundstücke
     - 1.2.2 Bebaute Grundstücke und grundstücksgleiche Rechte
       - 1.2.2.1 Kinder- und Jugendeinrichtungen
       - 1.2.2.2 Schulen
       - 1.2.2.3 Wohnbauten
       - 1.2.2.4 Sonstige Dienst-, Geschäfts- und Betriebsgebäude
     - 1.2.3 Infrastrukturvermögen
       - 1.2.3.1 Grund und Boden des Infrastrukturvermögens
       - 1.2.3.2 Brücken und Tunnel
       - 1.2.3.3 Gleisanlagen mit Streckenausrüstung und Sicherheitsanlagen
       - 1.2.3.4 Entwässerungs- und Abwasserbeseitigungsanlagen
       - 1.2.3.5 Straßennetz mit Wegen, Plätzen und Verkehrslenkungsanlagen
       - 1.2.3.6 Sonstige Bauten des Infrastrukturvermögens
     - 1.2.4 Bauten auf fremdem Grund und Boden
     - 1.2.5 Kunstgegenstände, Kulturdenkmäler
     - 1.2.6 Maschinen und technische Anlagen, Fahrzeuge
     - 1.2.7 Betriebs- und Geschäftsausstattung
     - 1.2.8 Geleistete Anzahlungen, Anlagen im Bau
   - 1.3 Finanzanlagen
     - 1.3.1 Anteile an verbundenen Unternehmen
     - 1.3.2 Beteiligungen
     - 1.3.3 Sondervermögen
     - 1.3.4 Wertpapiere des Anlagevermögens
     - 1.3.5 Ausleihungen
       - 1.3.5.1 an verbundene Unternehmen
       - 1.3.5.2 an Beteiligungen
       - 1.3.5.3 an Sondervermögen
       - 1.3.5.4 Sonstige Ausleihungen
2. Umlaufvermögen
   - 2.1 Vorräte
     - 2.1.1 Roh-, Hilfs- und Betriebsstoffe, Waren
     - 2.1.2 Geleistete Anzahlungen
   - 2.2 Forderungen und sonstige Vermögensgegenstände
     - 2.2.1 Öffentlich-rechtliche Forderungen und Forderungen aus Transferleistungen
       - 2.2.1.1 Gebühren
       - 2.2.1.2 Beiträge
       - 2.2.1.3 Steuern
       - 2.2.1.4 Forderungen aus Transferleistungen
       - 2.2.1.5 Sonstige öffentlich-rechtliche Forderungen
     - 2.2.2 Privatrechtliche Forderungen
       - 2.2.2.1 gegenüber dem privaten Bereich
       - 2.2.2.2 gegenüber dem öffentlichen Bereich
       - 2.2.2.3 gegen verbundene Unternehmen
       - 2.2.2.4 gegen Beteiligungen
       - 2.2.2.5 gegen Sondervermögen
     - 2.2.3 Sonstige Vermögensgegenstände
   - 2.3 Wertpapiere des Umlaufvermögens
   - 2.4 Liquide Mittel
3. Aktive Rechnungsabgrenzung

PASSIVA

1. Eigenkapital
   - 1.1 Allgemeine Rücklage
   - 1.2 Sonderrücklagen
   - 1.3 Ausgleichsrücklage
   - 1.4 Jahresüberschuss/Jahresfehlbetrag
2. Sonderposten
   - 2.1 für Zuwendungen
   - 2.2 für Beiträge
   - 2.3 für den Gebührenausgleich
   - 2.4 Sonstige Sonderposten
3. Rückstellungen
   - 3.1 Pensionsrückstellungen
   - 3.2 Rückstellungen für Deponien und Altlasten
   - 3.3 Instandhaltungsrückstellungen
   - 3.4 Sonstige Rückstellungen
4. Verbindlichkeiten
   - 4.1 Anleihen
   - 4.2 Verbindlichkeiten aus Krediten für Investitionen
     - 4.2.1 von verbundenen Unternehmen
     - 4.2.2 von Beteiligungen
     - 4.2.3 von Sondervermögen
     - 4.2.4 vom öffentlichen Bereich
     - 4.2.5 vom privaten Kreditmarkt
   - 4.3 Verbindlichkeiten aus Krediten zur Liquiditätssicherung
   - 4.4 Verbindlichkeiten aus Vorgängen, die Kreditaufnahmen wirtschaftlich gleichkommen
   - 4.5 Verbindlichkeiten aus Lieferungen und Leistungen
   - 4.6 Verbindlichkeiten aus Transferleistungen
   - 4.7 Sonstige Verbindlichkeiten
5. Passive Rechnungsabgrenzung

punkte für Infrastrukturvermögen wie Tunnel oder für »Kunstgegenstände« und »Fahrzeuge«. Auch längerfristige Finanzanlagen sind dem Anlagevermögen zuzuordnen. Hierunter sind insbesondere die Wertigkeiten von kommunalen Beteiligungen aufzuführen. Diese ergeben sich z.B. nach der Eigenkapitalspiegelmethode, nach der für eine Unternehmensbeteiligung ein der Beteiligung entsprechender Anteil des Eigenkapitals angerechnet wird.

In den jeweiligen Kategorien, die z.T. weitere Unterkategorien aufweisen, werden die Vermögensgegenstände mit ihrer Wertigkeit zusammengefasst. Maßgeblich sind hierbei die oben dargestellten Grundsätze der Wertermittlung.

Dem Anlagevermögen steht das Umlaufvermögen der Kommune entgegen. Dieses setzt sich aus denjenigen Vermögensbestandteilen zusammen, auf die sich die Kommune nur kurzfristig stützt. Alles, was sich also häufig im Bestand verändert, ist strukturell dem Umlaufvermögen zuzuordnen. Auch hier sehen die Gemeindehaushaltsverordnungen bestimmte Vorgaben für die Binnengliederung des Umlaufvermögens in der Bilanz vor. Dies sind z.B. Positionen für Rohstoffe oder aber geldwerte Forderungen der Kommune sowie insbesondere die liquiden Mittel, also die Kontenbestände der Kommune.

Beispiel: Autokauf

Wir haben bereits den Kauf eines Dienstwagens als Beispiel für die Unterscheidung von Aufwand und Ausgaben sowie Ertrag und Einnahmen herangezogen. Der Kauf eines Dienstwagens soll hier noch einmal im Hinblick auf seine Auswirkung auf die Bilanz dargestellt werden. Kauft die Kommune einen Dienstwagen in Höhe von 10.000 €, wird das Umlaufvermögen um die Höhe des Kaufpreises reduziert, da dieses Geld konkret abgeflossen ist. Dem steht durch das Auto als erworbenem Gegenstand ein entsprechend höheres Anlagevermögen entgegen. Im Saldo bleibt die Vermögenssumme also gleich!

Spekulative Geschäfte der Kommune sind je nach der Veranlagung (kurzfristig oder dauerhaft) dem Anlage- oder Umlaufvermögen zuzuordnen. Jedenfalls gilt z.B. für Aktienbesitz, dass dieses zum Bilanzstichtag mit dem Marktwert in die Bilanz aufzunehmen ist. (Zum Teil sehen die Gemeindehaushaltsverordnungen auch eine andere Untergliederung als die in Anlage- und Umlaufvermögen vor. In Baden-Württemberg wird z.B. in Sach- und Finanzvermögen unterteilt.)

Aktive Rechnungsabgrenzungsposten
Nach der Summe von Anlage- und Umlaufvermögen beinhaltet die Bilanz häufig noch die Position aktive → *Rechnungsabgrenzungsposten*. Dieser Ansatz dient der periodengenauen Verbuchung von bestimmten Vorgängen. Unter aktivem Rechnungsabgrenzungsposten wird demnach ein Vorgang erfasst, der bereits im entsprechenden Haushaltsjahr eine Ausgabe verursacht hat, aber erst im nächsten Jahr Aufwand ist. Dies ist z.B. der Fall, wenn bereits im Dezember ein Vorschuss für eine bestimmte kommunale Leistung ausgezahlt wird, die erst im Januar durchgeführt wird.

Die einzelnen Untergliederungspunkte des Anlage- und Umlaufvermögens werden zu Gesamtpositionen zusammengefasst. Alle Positionen der kommunalen Aktiva ergeben saldiert das kommunale Vermögen. Die Darstellung der kommunalen Aktiva in der Bilanz dokumentiert also im Gesamtergebnis die Wertigkeit des kommunalen Vermögens zum Bilanzstichtag.

Die Passivseite der Bilanz – Vermögensfinanzierung: Auf der rechten Bilanzseite wird die Frage beantwortet, wie das auf der Aktivseite der Bilanz dargestellte Vermögen der Kommune finanziert wird. Die Passivseite soll darüber Auskunft geben, wie viel des rechtlich im Eigentum der Kommune stehenden Vermögens auch tatsächlich ihr gehört und wie viel durch Verschuldung finanziert wird und damit faktisch den Gläubigern zuzurechnen ist.

Wie viel des Vermögens gehört der Kommune also tatsächlich? Dieser Anteil des Gesamtvermögens wird in der Doppik als Eigenkapital (z.T. auch Basiskapital) bezeichnet. Um die Höhe des kommunalen Eigenkapitals zu ermitteln, ist – verkürzt ausgedrückt – die Summe des kommunalen Gesamtvermögens um das Fremdkapital zu reduzieren. Dies kann man sich wie folgt vorstellen: Ausgangspunkt der Berechnung ist die Wertigkeit des kommunalen Gesamtvermögens, also die Summe der Aktiva aus der Bilanz. Von dieser Summe sind zunächst die kommunalen Schulden abzuziehen.

Neben den unmittelbaren Schulden der Kommune bei den Banken sind allerdings weitere Punkte als Verbindlichkeiten im weitesten Sinne zu berücksichtigen. Anspruch der Doppik ist es nämlich, im Sinne der Generationengerechtigkeit den Ressourcenverbrauch unmittelbar und verursachungsgerecht zuzuordnen. Aus diesem Grund sind z.B. für die Kosten, die für die Pensionen von Beamtinnen und Beamten in der Zukunft anfallen, bereits heute entsprechende Rückstellungen anzusetzen. Anders als bei Angestellten, für die die Kommune laufend mit dem Lohn auch Beiträge zur Rentenversicherung abführt und damit ihren Beitrag zur Altersversorgung sofort mit der Lohnzahlung leistet, werden die Beamtenpensionen später aus dem laufenden Haushalt finanziert. Da die Leistungen der Beamtinnen und Beamten aber heute in Anspruch genommen werden, sollen die aus dieser Leistung erwachsenen Ansprüche auch unmittelbar den Haushalt belasten.

Die Beamtinnen und Beamten erwerben also durch ihre Arbeit heute einen Pensionsanspruch, der aber erst in der Zukunft zulasten der Kommune fällig und ausgezahlt wird. Der Sache nach stellen diese Pensionsansprüche bereits heute Verbindlichkeiten der Kommune gegenüber ihren Beamtinnen und Beamten dar. Aus diesem Grund muss die Größenordnung der Pensionsansprüche aktuell wie eine Verbindlichkeit bzw. Schulden angesetzt werden.

Höhe der Pensionsrückstellungen

Die tatsächlichen Pensionszahlungen erfolgen erst später. Einige Beamtinnen und Beamte erleben aber das Pensionsalter z.B. aufgrund eines Unfalles nicht. Andere hingegen beziehen Rente überdurchschnittlich lange – weil es ein gesunder Lebenswandel ermöglicht hat. Wie diese Vielschichtigkeit erfassen? Eine genaue Erfassung ist im Hinblick auf die Lebenswege der Menschen natürlich nicht möglich. Die Höhe der Rückstellungen ergibt sich vielmehr aus versicherungstechnischen Berechnungen. Hier werden die in Zukunft zu erwartenden Pensionskosten in Abhängigkeit von der Anzahl und der personellen Zusammensetzung prognostiziert. Auf solche Berechnungsmodelle greifen auch die Kommunen zurück.

Die Reduzierung der Wertigkeit des kommunalen Gesamtvermögens um diese (und einige weitere) Verbindlichkeiten ergibt (bei einem positiven Saldo) das kommunale Eigenkapital. Die Summe des Eigenkapitals entspricht der Größenordnung des kommunalen Vermögens, dass eben nicht auf Verschuldung basiert, sondern auf eigener Ertragskraft der Kommune.

Wo ist das Eigenkapital? Wo sind die Pensionsrückstellungen?

Die Passivseite gibt »nur« Finanzierungsstrukturen wieder! Sehr wichtig ist ein richtiges Verständnis der Angaben der *Passivseite der Bilanz*. Diese stellen keine verfügbaren Mittel im Sinne eines Guthabens auf Konten dar. Vielmehr handelt es sich hierbei um die Beantwortung der Frage, wie die kommunalen Vermögenswerte, die auf der Aktiv-Seite der Bilanz dargestellt werden, finanziert werden. Die Alternativen lauten hier: Finanzierung durch Fremdkapital oder durch kommunales Eigenkapital!

Aktiv- und Passivseite der Bilanz bereiten also die *gleiche* Vermögenssituation anders auf. Auf der Aktivseite wird beantwortet, wie das Vermögen konkret eingesetzt ist, auf der Passivseite, wie es finanziert wird. Da lediglich andere Aspekte der Vermögenssituation dargestellt werden, das Vermögen aber hierdurch nicht verändert wird, muss zwischen Aktiv- und Passivseite ein Gleichgewicht herrschen. Die Gesamtsumme der Aktiva muss der der Passiva entsprechen.

Das kommunale Eigenkapital stellt wie die anderen Posten der Passivseite der Bilanz kein Vermögen dar, auf das die Kommune zugreifen kann. Es gibt kein spezielles Eigenkapitalkonto bei der Bank, auf das für bestimmte politische Zwecke, wie den Bau eines neuen Rathauses zugegriffen werden könnte. Vielmehr stellt das Eigenkapital die Größenordnung des kommunalen Vermögens dar, das auf eigener Ertragskraft basiert.

Beispiel: Bei einem Gesamtvermögen der Kommune von einer Mrd. € und Verbindlichkeiten im weitesten Sinne von 600 Mio. € hat die Kommune ein Eigenkapital von 400 Mio. €. Damit basieren 40% ihrer Vermögenswerte nicht auf Fremdkapital, sie gehören der Stadt also tatsächlich selbst.

Hat die Kommune nach dem genannten Beispiel 400 Mio. € Eigenkapital bei einem Gesamtvermögen von einer Mrd. €, so bedeutet das nicht, dass sie über 400 Mio. € für bestimmte Zwecke verfügen kann. Es bedeutet »nur«, dass von jedem kommunalen Vermögensgegenstand, z.B. dem Dienstwagen des Oberbürgermeisters oder der Oberbürgermeisterin 40% tatsächlich auch der Stadt »gehören«. Die restlichen 60% eines jeden Vermögensgegenstandes sind fremdfinanziert, gehören den Banken bzw. anderen Gläubigern.

Auch die auf der Passivseite der Bilanz quasi als Fremdkapital ausgewiesenen *Pensionsrückstellungen* stellen demnach keine zweckgebundenen Mittel dar, die auf einem Bankkonto liegen, bis sie für die Pensionen in Anspruch genommen werden. Es ist also nicht so, dass die Ausweisung von 100 Mio. € BeamtInnen-Rückstellungen auf der Passiv-Seite der Bilanz aussagt, dass auf einem städtischen Konto 100 Mio. € für Pensionszwecke reserviert sind. Vielmehr sagt eine entsprechend hohe Rücklage (100 Mio. € bei 1 Mrd. € Gesamtvermögen) aus, dass faktisch kommunale Verbindlichkeiten gegenüber den Beamtinnen und Beamten in der Größenordnung eines Zehntels aller kommunaler Vermögenswerte besteht. Die Gesamtsumme der Pensionsrückstellungen stellt im Hinblick auf den Charakter der Bilanz übrigens auch nicht den Betrag dar, der im laufenden Jahr zurückgestellt wird. Vielmehr wird hier die Gesamtgrößenordnung der zum Stichtag bestehenden, in Zukunft voraussichtlich zu begleichenden Pensionsansprüche der kommunalen Beamtinnen und Beamten dargestellt. Jedes Jahr wird diese Größenordnung im Hinblick auf tatsächliche Pensionsauszahlungen und neu erworbene Ansprüche angepasst.

Mit einer Rückstellung geht damit also kein zweckgebundenes Zurücklegen konkreter kommunaler Mittel einher. Die doppische Rückstellung hat insofern mit der kameralen Rücklage nichts zu tun. Alles, was auf der Passivseite der Bilanz dargestellt wird, dokumentiert die Finanzierungsstruktur des kommunalen Vermögens anhand der Parameter Eigenkapital und Fremdkapital. Die konkrete Verwendung des kommunalen Vermögens und damit auch ggf. vorhandene zweckgebundene Mittel müssen auf der Aktiv-Seite der Bilanz aufgeführt sein.

Passive Rechnungsabgrenzung
Auch auf der Passivseite der Bilanz ist eine → *Rechnungsabgrenzung* zur periodengenauen Darstellung des Ressourcenverbrauchs vorzunehmen. Dies ist immer dann notwendig, wenn eine Einzahlung erst nach dem Bilanzstichtag einen Ertrag darstellt. Dies ist z.B. der Fall, wenn für die mehrjährige »Nutzung« einer Grabstätte auf dem Friedhof im Voraus gezahlt wird. Dieser einmaligen Einzahlung steht die »Gegenleistung« erst in Zukunft gegenüber. Die Beträge sind daher auch erst im jeweiligen Haushaltsjahr ertragswirksam zu verbuchen und bis dahin als Rechnungsabgrenzung aufzuführen.

Negatives Eigenkapital = Überschuldung

Vorstellbar und leider in strukturschwachen Kommunen bereits heute Realität ist das Szenario, dass sich nach dem Abzug der Verbindlichkeiten von der Summe des kommunalen Gesamtvermögens kein positiver Wert ergibt. In diesem Fall überschreiten die kommunalen Verbindlichkeiten die Wertigkeit des vorhandenen Vermögens. Diese Situation, die in der Betriebswirtschaft zur Insolvenz führt, wird → *Überschuldung* genannt. Zum Teil sehen Gemeindeordnungen oder Gemeindehaushaltsverordnungen in diesem Fall spezielle Reglementierungen für die kommunale Haushaltswirtschaft vor. Immerhin dokumentiert dieser Tatbestand, dass das kommunale Vermögen umfassend auf Fremdkapital basiert bzw. hierdurch finanziert wird. Einer strukturellen Haushaltsschieflage, also dem laufenden Abbau kommunaler Ressourcenwerte, stehen in diesem Fall keine weiteren Vermögenswerte gegenüber (siehe später auch das Kapitel Haushaltsausgleich und Kommunalaufsicht).

Auswirkungen von Ergebnishaushalt und Finanzhaushalt auf die Bilanz

Die Bilanz stellt die Vermögenssituation der Kommune zum Abschluss des Haushaltsjahres dar. Hierbei wird auf der Aktiv-Seite das kommunale Gesamtvermögen dargestellt, wie es konkret *eingesetzt* ist. Die Passivseite gibt dann

Auskunft darüber, wie dieses Vermögen *finanziert* wird – ob durch Fremdkapital oder durch Eigenkapital.

Die Resultate des Ergebnis- und Finanzhaushaltes wirken sich im jeweiligen Haushaltsjahr in einer bestimmten Art und Weise auf die Bilanz aus. Die drei zentralen Komponenten des doppischen Haushaltes (Ergebnishaushalt, Finanzhaushalt und Bilanz) stehen untereinander im Zusammenhang nach dem Prinzip der kommunizierenden Röhren.

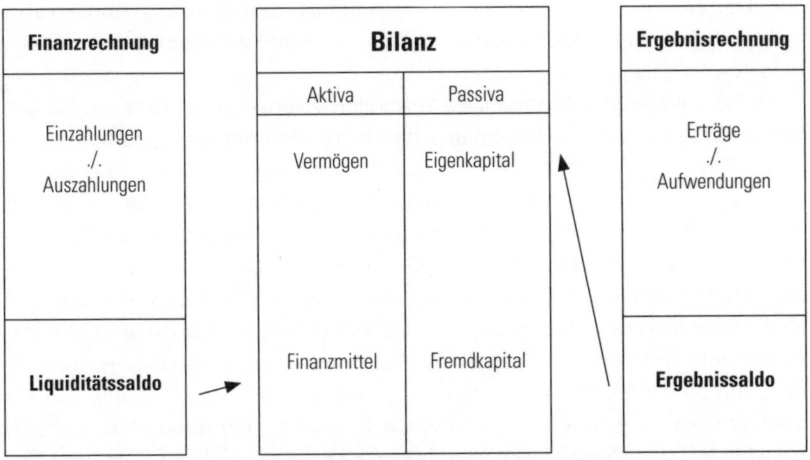

Prinzip der kommunizierenden Röhren: Der Saldo der Einzahlungen und Auszahlungen (Finanzrechnung) verändert die liquiden Finanzmittel in der Bilanz. Der Saldo der Ergebnisrechnung erhöht oder vermindert das Eigenkapital.

Der Saldo des Finanzhaushaltes muss der Veränderung der liquiden Mittel der Kommune auf der Aktivseite der Bilanz entsprechen! Gibt die Kommune mehr aus, als sie einnimmt, reduzieren sich entsprechend die direkt verfügbaren Mittel. Im anderen Fall nehmen sie um den entsprechenden Betrag zu.

Der Saldo des Ergebnishaushaltes stellt hingegen den strukturellen Ressourcenzuwachs bzw. Ressourcenverbrauch der Kommune dar. Entsprechend führt das Saldo des Ergebnishaushaltes je nach Ausfall zu einer Erhöhung oder Reduzierung des kommunalen Eigenkapitals. Die Reduzierung von Eigenkapital bedeutet, dass die Fremdkapitalfinanzierung des Vermögens strukturell zugenommen hat. Dies kann entweder erfolgen, indem eine gleichbleibende bzw. gar wachsende Gesamtvermögenssumme (Aktiva) durch verhältnismäßig höhere Verbindlichkeiten finanziert wird. Das Szenario kann aber auch erfolgen, indem die Reduzierung von Gesamtvermögen (Aktiva) nicht mit einer Reduzierung von Verbindlichkeiten einhergeht.

Sanierungsstrategien: Entlastung durch Privatisierung?

Der Verkauf öffentlichen Eigentums entlastet den maßgeblichen Ergebnishaushalt der Kommune (zunächst) *nicht*. Werden zum Beispiel kommunale Wohnungsbestände im Wert von einer Million € veräußert, führt dies lediglich dazu, dass zum Jahresende in der Bilanz ein Tausch zwischen den Werten des Anlagevermögen und des Umlaufvermögen vorgenommen wird. Die Kommune reduziert durch den Verkauf der Wohnungen ihr Anlagevermögen und mehrt in entsprechender Höhe ihr Umlaufvermögen durch den Gewinn an Barmitteln. Dieser so genannte Aktivtausch verändert das kommunale Vermögen also nicht, sondern führt nur dazu, dass das kommunale Vermögen anders zusammen gesetzt wird.

Die Doppik wertet kommunales Vermögen »wertneutral«. Gewisse Entlastungseffekte für den Haushalt können durch Privatisierungen erst mittelbar eintreten. Dies betrifft z.B. bei Wohnungen die dann ausbleibenden Sanierungen oder Reparaturen und damit ausbleibende Abschreibungen, die den Haushalt in der Zukunft belasten würden. Außerdem bringen Verkaufserlöse der Kommune zusätzliche Liquidität. Diese ist leider in den Kommunen oft nicht oder nur geringfügig vorhanden. Die kurzfristige kommunale Handlungsfähigkeit wird häufig über Kassenkredite sichergestellt. Diese stellen Kredite dar, die die Kommunen zum Teil tagesaktuell für kurze Laufzeiten auf dem Kreditmarkt aufnehmen, um die laufenden Ausgaben tätigen zu können. Die Gewinnung von Liquidität kann die Aufnahme von Krediten verhindern und somit in der Zukunft belastende Zinsaufwendungen ausschließen. Diese möglichen Effekte von Privatisierungsvorgängen treten aber – wenn überhaupt – erst mittelbar ein. Ein Privatisierungsvorgang selbst ändert in der Doppik an der kommunalen Vermögenssituation erst einmal nichts.

Wichtig: Der Verkauf öffentlichen Eigentums allein saniert den Haushalt in der Doppik nicht. Er führt nur dazu, dass auf der Aktivseite der Bilanz Sachvermögen in Umlaufvermögen umgewandelt wird. Damit geht noch keine Strukturverbesserung der Haushaltslage einher!

Sanierung nach dem Motto »Aufgeschoben ist nicht aufgehoben«?

Die Doppik führt auch Sanierungsstrategien ad absurdum, die im Hinblick auf Investitionsnotwendigkeiten nach dem Motto verfahren »Aufgeschoben ist nicht aufgehoben.« Der hierin zum Ausdruck kommenden, angeblich der Haushaltssanierung dienenden Verlagerung von Investitionsnotwendigkeiten auf die Zukunft sollte durch die Doppik gerade ein Riegel vorgeschoben werden. Die verursachungsgenaue Verbuchung von Ressourcenverbrauch, insbesondere durch die Veranschlagung von den Ergebnishaushalt belastenden Abschreibungen führt dazu, dass ausbleibende Instandsetzungsmaßnahmen das kommunale Vermögen stetig in seiner Wertigkeit mindern. Das soll dazu führen, dass Investitionen geleistet werden, wenn sie erforderlich sind

Wichtig: Aufgeschobene Investitionen sind abgeschobene Verantwortung – das macht die Doppik deutlich!

Sanierung durch hohe Vermögensbewertung?

Bei der Vermögensbewertung stellt sich die Frage, ob die konkrete Bewertung ein Politikum darstellt? Danach entscheidet sich, ob die Bewertungsvorgänge durch die Kommunalpolitik eng zu begleiten sind. Die Antwort ist differenziert. Zunächst ist es gewiss eine Frage von grundsätzlicher Bedeutung, nach welchen Parametern und mit welchen konkreten Werten kommunales Vermögen bewertet wird. Wer in kommunaler Infrastruktur den Gegenwert generationenübergreifender Leistungen sieht, der bzw. die wird wohl zu Recht keine marginalen Ansätze für dieses öffentliche Vermögen akzeptieren. Dieser Aspekt hat aber wohl eher nur theoretisch-abstrake Bedeutung. Die konkrete Auswirkung der jeweiligen Bewertungen ist in der Praxis tendenziell gering.

Maßgeblich für den Haushaltsausgleich ist der Ergebnishaushalt und damit die Entwicklung des Eigenkapitals. Da sich dessen Höhe aus der positiven Differenz des gesamten Vermögens abzüglich der Verbindlichkeiten ergibt, könnte man das Eigenkapital erhöhen, in dem die kommunalen Vermögenswerte überbewertet werden. Da die Höhe der Verbindlichkeiten relativ klar zu bestimmen ist, würde hieraus unmittelbar eine größere Eigenkapitalsumme resultieren. Diese Herangehensweise ist aber in den meisten Fällen kontraproduktiv. Immerhin berechnet sich die Höhe der Abschreibungen für Abnutzung unmittelbar aus den veranschlagten Vermögenswerten.

Wird also für den Dienstwagen des Oberbürgermeisters bzw. der Oberbürgermeisterin anstatt 100.000 € 150.000 € angesetzt, so erhöht sich die Abschreibungssumme bei einer Nutzungszeit von zehn Jahren um 5.000 € jährlich. Diese Abschreibungen belasten also – im Nachgang einer zu hohen Vermögensbewertung – den Haushalt laufend und erschweren damit den Haushaltsausgleich in der Zukunft.

Reich rechnen rächt sich demnach überall dort, wo Abschreibungen anzusetzen sind. Etwas anderes gilt z.B. bei Grundstücken. Hier sind keine Abschreibungen zu berücksichtigen, da der Wert eines Grundstückes nicht durch schlichten Zeitablauf abnimmt. Eine überhöhte Vermögensbewertung würde hier die Haushaltslage der Kommune im Hinblick auf das Eigenkapital durchaus verbessern. Das würde in manchen Bundesländern aufsichtsbehördliche Einwirkungsbefugnisse zurückdrängen bzw. ausschließen helfen (das betrifft insbesondere Nordrhein-Westfalen).

Die Frage der Vermögensbewertung wird zudem auch nicht zum Politikum, weil daraus die Kreditkonditionen für die Kommune folgen. Anders als in der Privatwirtschaft sind die Konditionen für kommunale Kredite nicht von der Eigenkapitalquote abhängig. Die internationalen Vorgaben für die Kreditwirtschaft (Basel II) und ihre deutsche Umsetzung nehmen die Kommunen von entsprechenden Pflichten zur Eigenkapitalunterlegung von Krediten aus. Die Kommunen werden hier dem Gesamtstaat gleichgestellt.

Für die öffentliche Hand gilt damit grundsätzlich ein »Null-Risiko« für den Ausfall von Verbindlichkeiten. Damit sind die Kreditkonditionen *nicht* von der kommunalen Haushaltslage abhängig. Etwas anderes dürfte freilich gelten, wenn in Zukunft im Zuge der durch die Doppik zum Ausdruck kommenden Angleichung der öffentlichen Haushaltswirtschaft an das private Handelsrecht auch die öffentliche Kreditwirtschaft privaten Anforderungen angepasst würde. Zurzeit ist dies aber jedenfalls nicht der Fall.

Ob und inwieweit die landesspezifischen Bewertungsvorgaben für die einzelnen Vermögensbestandteile Spielraum bei der Bewertung belassen, kann an dieser Stelle nicht abschließend bewertet werden. Auf Grundlage eigener Erfahrungswerte ist es aber eher so, dass gerade die Veranschlagungen der Eröffnungsbilanz durch die eingeschalteten Wirtschaftsprüfer, Gemeindeprüfungsanstalten und Aufsichtsbehören intensiv unter die Lupe genommen werden. Vor dem Hintergrund erscheinen gravierende Spielräume bei der Bewertung des kommunalen Vermögens eher unwahrscheinlich. Die politische Bedeutung der Bewertungsvorgänge hält sich damit in Grenzen.

Wächst zusammen, was zusammen gehört? Der kommunale Gesamtabschluss

Zahlreiche Kommunen haben in der Vergangenheit Aufgabenbereiche der öffentlichen Unternehmen wie Abfallwirtschaft, Wasser, Wohnungen etc. aus der originären kommunalen Verwaltungsstruktur ausgegliedert. Außerdem verfügen die Kommunen häufig über Beteiligungen an Unternehmen oder Einrichtungen. Jenseits einer Marginalitätsgrenze sind diese Unternehmensbeteiligungen in der Bilanz als Finanzanlagen zu verbuchen. Außerdem ist dem Haushalt in einer Anlage ein Beteiligungsbericht beizufügen, indem die Beteiligungen dargestellt und ihre wirtschaftliche Lage erläutert werden.

Diese Formen der Darstellung kommunaler Beteiligungsstrukturen ermöglichen keinen umfassenden Blick auf die haushalterische Gesamtsituation der Kommune. Die wirtschaftliche Entwicklung der Schachtelbeteiligungen und ausgegliederten Unternehmen wird nicht im Kontext des Haushaltes aufbereitet und dargestellt. Eine derartige Gesamtschau verhinderte in der Vergangenheit bereits die unterschiedliche Form der Buchhaltung zwischen den häufig privatrechtlich geführten Unternehmungen und der Kommune. Diese grundsätzliche Hürde ist nach der Umstellung der Haushaltsführung auf die Doppik entfallen. Aus diesem Grund sehen die Gemeindehaushaltsverordnungen auch die Verpflichtung vor, einen kommunalen *Gesamtabschluss* vorzulegen.

Im Rahmen insbesondere einer Gesamtbilanz und einer Gesamtergebnisrechnung sollen die maßgeblichen kommunalen Beteiligungen und ausgegliederten Strukturen in einem »Konsolidierungskreis« erfasst werden. Die Darstellung innerhalb des Gesamtabschlusses soll so erfolgen, als ob eine einzige kommunale Gesamteinheit existieren würde. Die Modalitäten dieser Erfassung ergeben sich häufig aus dem Grad der kommunalen Beteiligung bzw. der Maßgeblichkeit des kommunalen Einflusses.

Voll übernommen und damit im Rahmen des Gesamtabschlusses zu konsolidieren sind im Hinblick auf Vermögen, Schulden, Erträge und Aufwendungen in Nordrhein-Westfalen z.B. öffentlich-rechtliche Einrichtungen und solche privatrechtlichen Unternehmungen, die unter der *»entscheidenden Einflussnahme«* der Kommune stehen. Bei privaten Unternehmungen ohne eine solche beherrschende Stellung der Kommune wird in diesem Bundesland hingegen lediglich ein der Beteiligung entsprechender Eigenkapitalwert in die Gesamtbilanz eingestellt. Zielsetzung des Gesamtabschlusses ist, im Rahmen der Gesamtbilanz eine umfassende Bilanzierung des Vermögens und im Rahmen einer Gesamtergebnisrechnung die vollständige Darstellung des Ressourcenverbrauchs in der kommunalen Gesamtsphäre zu erfassen. Häufig ist im Kontext des doppischen Gesamtabschlusses deshalb auch die Sprache vom *»Gesamtkonzern Kommune«*.

Zum Teil sehen die Gemeindehaushaltsverordnungen im Hinblick auf die Gesamtkonsolidierung der Beteiligungen und ausgegliederten Unternehmen Übergangsfristen für die Erstellung des Gesamtabschlusses vor. Denn auch wenn durch die Doppik eine grundsätzliche Vergleichbarkeit der Buchhaltungs- und Rechnungslegungssysteme gegeben ist, stellt die Synchronisierung diverser Jahresabschlüsse doch im Detail eine nicht zu unterschätzende Aufgabe dar.

2.4 Die erweiterte Kameralistik

In den meisten Bundesländern sind die Kommunen zur Umstellung auf die Doppik als System der Haushaltsführung und Rechnungslegung verpflichtet. In einigen Bundesländern ist dies aber nicht der Fall. In Bayern, Hessen, Thüringen und Schleswig-Holstein haben die Kommunen eine Auswahloption zwischen der doppelten Buchführung und der *erweiterten Kameralistik.* Selbst wenn in einigen Bundesländern die Schaffung von Rechtsgrundlagen für die erweiterte Kameralistik noch nicht sehr weit fortgeschritten ist, soll die Systematik dieser Form der Haushaltswirtschaft im Folgenden dargestellt werden, da die Umstellung auch in diesen Bundesländern nur eine Frage der Zeit ist.

Der erweiterten Kameralistik liegt ebenso wie der Doppik der Anspruch zugrunde, die Schwachstellen der alten kameralen Buchhaltung zu überwinden. Allerdings findet kein genereller Bruch mit dem herkömmlichen Buchungs- und Haushaltssystem statt. Die erweiterte Kameralistik bleibt grundsätzlich bei der Darstellung von Vorgängen nach dem Prinzip der Kassenwirksamkeit. Im Kontext der weiterhin bestehenden Haushaltsbestandteile *Verwaltungs-* und *Vermögenshaushalt* werden anhand der Parameter *Einnahmen* und *Ausgaben* die tatsächlich kassenwirksam realisierten Finanzvorgänge erfasst.

Auch im Rahmen der erweiterten Kameralistik wird in zeitlicher Hinsicht zwischen der Haushaltsplanung und der Jahresrechnung (dem Jahresabschluss entsprechend) unterschieden. Hierbei weist die Jahresrechnung mit dem Bestandteil »Vermögensrechnung« einen im Hinblick auf die alte kamerale Ordnung neuartigen Bestandteil auf. Die Vermögensrechnung entspricht in den zentralen Punkten der Bilanz in der Doppik und gibt damit einen Überblick über die Anlageform des kommunalen Vermögens (Aktivseite) und die Finanzierungsstruktur des Vermögens (Passivseite). Unterschiede zur Bilanz in der Doppik stellt lediglich der Verzicht auf die aktiven und passiven Rechnungsabgrenzungsposten dar. Dies ist aber auch zwangsläufig, da diese Abgrenzungsposten der periodengenauen Zurechnung von Ressourcenverbrauch bzw. Ressourcenzugewinnen dienen. Die erweiterte Kameralistik bleibt im Grundsatz beim Prinzip der Kassenwirksamkeit von Vorgängen und bedarf daher entsprechender Abgrenzungspositionen nicht.

Beispiel: Kauft die Kommune im Jahr 2008 Heizöl und wird dieses erst im Jahr 2009 verbraucht, so wird der Aufwand (Verbrauch) in der Doppik entgegen der Zahlung in 2008 erst im Haushalt 2009 verbucht und diese Diskrepanz durch eine Rechnungsabgrenzung in der Bilanz aufgelöst. Die (erweiterte) Kameralistik stellt hierbei ausschließlich auf den Zahlungsprozess ab und verbucht diesen Vorgang ausschließlich im Haushalt 2008.

Die Vermögenswertermittlung wird als laufender Prozess in der erweiterten Kameralistik im Rahmen einer jährlichen Inventur vorgenommen. Die Grundsätze der Wertermittlung stimmen hier zwischen erweiterter Kameralistik und Doppik weitestgehend überein. Die zentralen Größen der Wertermittlung sind insbesondere die Anschaffungs- und Herstellungskosten abzüglich anzusetzender Abschreibungen für Abnutzungen.

Diese Abschreibungen werden auch im Haushalt nach der erweiterten Kameralistik dargestellt. Sie dienen der Darstellung des Ressourcenverbrauchs, sollen diesen also dokumentieren. Belastungswirksam für den Haushalt werden die Abschreibungen aber nicht. Die erweiterte Kameralistik verbleibt schließlich grundsätzlich beim Prinzip der Kassenwirksamkeit von Vorgängen. Die Abschreibungen stellen zwar produktorientiert dargestellte kalkulatorische Kosten dar. Diese sind aber keine realen Auszahlungen.

Aus diesem Grund werden den quasi fiktiven Abschreibungen entsprechend hohe Einnahmen im Produktbereich der allgemeinen Finanzwirtschaft entgegengestellt, um die kalkulatorischen Abschreibungen zu neutralisieren. Auf diese Weise wird mit den Abschreibungen der Ressourcenverbrauch der einzelnen Produkte bzw. Teilhaushalte dokumentiert, während das Prinzip der Kassenwirksamkeit als Maßstab für die Haushaltslage und den Haushaltsausgleich weiterhin Geltung beansprucht.

Ähnliches gilt für die Veranschlagung von Rückstellungen (z.B. für Beamtinnen- und Beamtenpensionen). Auch sie werden im laufenden Haushalt dargestellt und neutralisiert und finden sich im Rahmen der Bilanz wieder. Auf diese Art und Weise soll auch in der erweiterten Kameralistik der Ressourcenverbrauch offengelegt werden – eine verursachungsgerechte Belastungswirkung bleibt durch die Neutralisierung zur Sicherung des Kassenwirksamkeitsprinzips allerdings aus.

Die Veranschlagung von Abschreibungen und anderen kalkulatorischen Kosten war kameral bislang vornehmlich im Kontext von »kostenrechnenden Einrichtungen« bekannt. Dies sind Einrichtungen, die sich insbesondere durch Gebühren finanzieren sollen (Müllabfuhr, Straßenreinigung etc.). Hier kannte man bereits in der kameralen Vergangenheit Abschreibungen, um die Gebührenhöhe von den Kosten abhängig zu machen, die auch hinsichtlich des realen Werteverzehrs entstanden.

Hervorzuheben ist im Hinblick auf die alte kamerale Systematik der Bruch mit der Aufgliederung des Haushaltes in Einzelpläne. An deren Stelle tritt nun, der Doppik entsprechend, die produktorientierte Darstellung in Teilhaushalten, um bereits bei den Haushaltsansätzen den Fokus auf die kommunale Leistung als Ergebnis des Mitteleinsatzes zu richten. Der identischen Teilhaushaltsstruktur entspricht die entsprechende Stärkung und Ausgestaltung des Budgetgedankens. Hier gilt letztlich bei Beachtung der Trennung von Verwaltungs- und Vermögenshaushalt das zur Doppik Ausgeführte. Auch die Erstellung einer Kosten- und Leistungsrechnung ist in der erweiterten Kameralistik durch die Rechtsgrundlagen angezeigt.

Die erweiterte Kameralistik entspricht damit in der Grundstruktur weitgehend der Doppik. Signifikante Unterschiede bestehen bei der Beibehaltung des Kassenwirksamkeitsprinzips gegenüber dem Ressourcenverbrauchskonzept der Doppik, was z.B. in der ausbleibenden Erfassung periodenübergreifender Diskrepanzen durch Rechnungsabgrenzungen zum Ausdruck kommt.

Größere Unterschiede betreffen freilich die konkreten Buchungsvorgänge für die verwaltungsinterne Verarbeitung haushaltsrelevanter Vorgänge. Dieser Aspekt steht für die kommunalpolitische Praxis aber weniger im Vordergrund und kann nur hinsichtlich daraus resultierender ggf. niedrigerer Umstellungskosten für die erweiterte Kameralistik eine Rolle spielen. Für die Doppik spricht hingegen, dass das weitgehend konsequente Umstellen auf die Systematik der doppelten Buchführung sowohl in der Haushaltsdarstellung als auch der Buchungsvorgänge eine Kompatibilität der Abschlüsse von Kommune und ggf. privatrechtlich geführten Beteiligungsgesellschaften oder kommunalen Töchtern eröffnet. Ein doppischer Gesamtabschluss kann diese Kompatibilität aufgreifen und eine Gesamtschau der kommunalen Vermögenssituation darlegen. Diese Vereinbarkeit ist bei der erweiterten Kameralistik nicht ohne Weiteres gegeben.

2.5 Viel Lärm um nichts oder Aufbruch in die neue Haushaltswelt?

Die Umstellung des kommunalen Haushaltswesens war und ist eine weitreichende Reform, die den betroffenen Kommunen Extremes abverlangt. Jenseits ministerieller Hochglanzbroschüren, die die Vorzüge der neuen Haushaltswirtschaft, ihre Transparenz und vereinfachte Handhabung lobpreisen, herrscht in den Verwaltungen eine andere Stimmung vor. Jüngst erschien in einer Kämmererfachzeitung ein Bericht unter dem Titel »Doppik – mehr Frust als Lust« (in: Kommunal-Kassen-Zeitschrift. Fachzeitschrift für die kommunale Kassen-Vollstreckungspraxis, 6/2009, S. 131ff). Hier zeigt ein Kämmerer aus Hessen nicht nur eklatante Probleme bei der praktischen Umsetzung innerhalb der Verwaltungen auf. Insbesondere die hierauf folgende, zustimmende Resonanz zahlloser Leserbriefe aus den Kämmereien und Verwaltungen des ganzen Landes werfen ein Licht auf die Akzeptanz der Haushaltsreform.

Verwaltungsintern wurde durch den Bruch mit der kameralen Haushaltsordnung ein erheblicher Umstellungsbedarf hervorgerufen, der nicht nur gravierende Belastungen für die Verwaltungsmitarbeiterinnen und -mitarbeiter bedeutet, sondern im Hinblick auf Software-Anschaffungen, Beratungs- und Schulungsbedarf der Mitarbeiterinnen und Mitarbeiter sowie der Einschaltung externer Gutachter, Dienstleister und Wirtschaftsprüfer Mehrkosten in beträchtlicher Höhe auslöste. Im genannten Kämmererbericht werden die Kosten der

Umstellungsprozesse auf bundsweit 880 Mio. € taxiert. Dieser Wert kann an dieser Stelle nicht auf Belastbarkeit geprüft werden. Klar ist jedoch, dass die Umstellung nicht nur Nerven, sondern auch erhebliche Ressourcen gekostet hat. Das ist in Zeiten der kommunalen Finanzkrise bei der Bewertung ein nicht unwichtiger Aspekt.

Steht dem erheblichen »Aufwand« für die Kommunen für die Reform auch ein entsprechender »Ertrag« gegenüber? Der erste Anspruch der Reform war die Schaffung größerer Transparenz im Haushaltswesen. Hierdurch sollte die politische Steuerbarkeit für die Kommunalpolitik erleichtert werden. Die Doppik verursacht in der internen Buchhaltung nicht nur zusätzliche Arbeitsschritte, die Darstellung von ein und denselben Vorgängen sowohl im Ergebnis- als auch im Finanzhaushalt verdoppelt zudem die Darstellungsnotwendigkeiten im Haushalt. Das kann tendenziell dazu führen, dass die Masse der Haushaltsunterlagen zunimmt. Eine transparente Durchsicht und Bearbeitung der Unterlagen wird hierdurch erschwert.

In der Praxis hat die Fülle an Materialien durch die Reform allerdings eher abgenommen. Dieses scheinbar paradoxe Ergebnis resultiert aus einer Haushaltsausgestaltung, die zahlreiche Leistungsprozesse komprimiert und stark zusammengefasst darstellt. Das untergräbt aber die Aussagekraft und den Informationsgehalt der Ansätze und nimmt der Politik tendenziell die Grundlage für eine wirksame politische Steuerung.

Die betriebswirtschaftlich geprägte Darstellungsweise ist darüber hinaus für Laien nicht ohne Weiteres verständlich. Die Unterschiede zwischen Ergebnis- und Finanzhaushalt erschließen sich Kommunalpolitikerinnen und Kommunalpolitikern ohne nähere Heranführung nicht sofort. Gleiches gilt für die kommunale Bilanz. Missverständnisse im Hinblick auf den Charakter von Eigenkapital und Pensionsrückstellungen (verfügbar bzw. konkrete Mittel?) dürften häufig auftreten. Die Kameralistik war hier durch ihr schlichtes Abstellen auf die Finanzflüsse anhand von Einnahmen und Ausgaben einfacher strukturiert.

Entschiedener Nachteil allerdings war, dass tatsächlich die Vermögenslage der Kommune weitestgehend verborgen bleiben musste. Die Doppik ermöglicht erstmals die vollständige Erfassung aller Vermögenswerte auch über die Finanzbestände hinaus. Mit der Ausweisung der kommunalen Vermögenssituation und ihrer Finanzierungsstruktur im Rahmen der Bilanz wird ein umfassender Blick auf das kommunale Vermögen eröffnet.

Diese Darstellung des kommunalen Gesamtvermögens ist positiv zu bewerten, denn mit ihr wird es möglich, in der politischen Auseinandersetzung mit der neoliberalen Schuldenphobie differenzierter zu argumentieren. Im politisch-gesellschaftlichen Diskurs dominierte bislang ein eindimensionaler Zugang zum Thema Verschuldung. Mit dem Blick auf die Schuldenhöhe bzw. eine fiktive

»Pro-Kopf-Verschuldung« der Bevölkerung wurde in aller Regel Stimmung und Politik für den Abbau öffentlicher Standards und Leistungen gemacht. Diese Tendenz dürfte im Hinblick auf die Haushalts- und Finanzpolitik der neuen Bundesregierung noch zunehmen. Immerhin werden insbesondere durch die Kosten der Bankenrettungspakete und die sich abzeichnenden Steuergeschenke an Besserverdienende und Großkonzerne bisher unbekannte Dimensionen der (Neu-)Verschuldung erreicht werden. Dieser Umstand wird auch im Hinblick auf die im Grundgesetz verankerte Schuldenbremse als Kampfargument der neoliberalen Kräfte für den Abbau sozialer Standards und den vermeintlich notwendigen Verkauf öffentlichen Eigentums herhalten müssen.

Ein sachlicher Zugang zum Thema darf allerdings nicht nur die schlichte Schuldenhöhe in den Blick nehmen. Vielmehr gehört zum ganzen Bild, den Schulden auch die Werte gegenüberzustellen, die (unter anderem) durch Verschuldung geschaffen wurden. Dem eindimensionalen Abstellen auf eine »Pro-Kopf-Verschuldung« kann in Zukunft durch die Bilanz der Doppik auch das positive Vermögen der Kommune entgegengehalten werden. Erst diese Angaben runden das Bild ab und ermöglichen eine sachliche Diskussion über die Haushaltslage der Kommune. Ein positiver Eigenkapitalwert ist Ausdruck der Situation, dass die Kommune im Saldo mehr Vermögenswerte besitzt als Schulden. Das Pro-Kopf-Vermögen übersteigt dann die Pro-Kopf-Schulden!

Ohne mit Blick auf die Wirkung von Verschuldung und ihren Profiteuren naiv zu argumentieren, lassen sich mit der neuen Darstellung Schulden differenzierter behandeln. Sie sind nicht grundsätzlich schlecht und auch nicht unbedingt und in jedem Fall eine ungerechtfertigte Belastung zukünftiger Generationen. Entscheidend ist, für welchen Zweck sie aufgenommen werden und ob die Kommune in der Lage ist, die Verbindlichkeiten auch zu bedienen. Zukunftsinvestitionen, zum Beispiel in moderne Schulen und Kitas sind vor diesem Hintergrund zwar eine Belastung zukünftiger Generationen, wenn sie fremdkapitalfinanziert werden. Sie können gleichwohl sinnvoll und angezeigt sein. Schließlich wäre es ein falsches Verständnis von Generationengerechtigkeit, ließe man unter Verweis auf problematische Verschuldung ein Verrotten der Infrastruktur zu. Es stellt einen Bärendienst an den nachfolgenden Generationen dar, wenn man die Entschuldung des Landes mit verfallenen Schulen und Kitas »bezahlt«.

Der in der Doppik zum Ausdruck kommende Anspruch der Generationengerechtigkeit durch die verursachungsgenaue Verbuchung von Ressourcenverbrauch stellt mit diesem Grundverständnis keine Loslösung des Bandes zwischen den Generationen dar. Vielmehr muss generationengerechtes Handeln sich dadurch auszeichnen, dass der Fokus der Politik darauf gerichtet ist, das Gemeinwesen auch in Zukunft handlungsfähig zu hinterlassen *und* eine gut ausgebaute soziale Infrastruktur zu übergeben. Beides zu gewährleisten muss Ziel verantwortlicher Kommunalpolitik sein.

Die sachgerechte Auflösung dieses Ziels wird in der Praxis allerdings schwer fallen. Immerhin stehen den Kommunen nur wenige Möglichkeiten zur Verfügung, die Einnahmen zu steigern und damit aus dem Dilemma »Kaputtsparen oder Schulden« heraus zu kommen. Eine wirklich verantwortungsgerechte Kommunalpolitik, die nicht auf die problematischen Alternativen einer extensiven Verschuldung oder eines Kaputtsparens der Infrastruktur beschränkt sein soll, bedarf einer sachgerechten Ausfinanzierung der Kommunen durch Land und Bund. Voraussetzung hierfür ist eine Steuerpolitik auf allen Ebenen, die nach Leistungsfähigkeit besteuert und große Vermögen und Konzerne nach den Steuergeschenken der letzten Jahre wieder angemessen zur Kasse bittet.

Obwohl die umfassende Erfassung der Wertigkeit des kommunalen Vermögens in der Bilanz positiv zu werten ist, ist hinsichtlich der konkreten Werte Vorsicht geboten. Die Werte für die einzelnen Bestandteile des Vermögens (Bewertung nach den Anschaffungs- und Herstellungswerten abzüglich standardisierter Abschreibungen) stellen keinesfalls zwingend zu erzielende Marktwerte dar. Linke Kommunalpolitik sollte sich bestehendem Vermögen aber auch nicht mit der Haltung zuwenden, wie viel ein Verkauf öffentlichen Eigentums nun »bringen« könnte. Denn auch wenn die Gebäude und Gegenstände wertmäßig beziffert werden: Wer will Schulen verkaufen?

Die Doppik ist der betriebswirtschaftlichen Buchführung entlehnt. Durch sie erhalten betriebswirtschaftliche Prinzipien und auch Begrifflichkeiten verstärkt Einzug in die kommunale Praxis. Die Rede ist vom »Gesamtkonzern Kommune«, von der Kinderförderung als »Produkt« etc. Die Einkehr auch einer betriebswirtschaftlichen Grundhaltung und Philosophie im Gleichschritt mit diesen Begrifflichkeiten und Strukturen ist eine nahe liegende Gefahr, der sich linke Kommunalpolitik entgegenstellen muss. Die Betonung der Gemeinwohlorientierung als alleiniger Maßstab linker Politik muss dem Einzug (betriebs-)wirtschaftlichen Denkens entgegengehalten werden.

Das verhindert die Doppik allerdings keineswegs. Die neue Haushaltssystematik ist letztlich in politischer Hinsicht weitestgehend neutral und muss von den Akteuren vor Ort mit Leben gefüllt werden. Die überpolitisierte Wertung einer formalen Systematik wäre überzogen und würde von den tatsächlichen Problemen ablenken. Insofern ist die Bilanz der Reform gemischt. Gewissen positiven Ansätzen stehen erhebliche negative Kritikpunkte gegenüber.

Es ist allerdings nicht abzusehen, dass an der Grundstruktur der kommunalen Haushaltswirtschaft in den kommenden Jahren signifikante Änderungen durchgeführt werden. Insofern mag man zur Doppik stehen wie man will: Man wird sich als KommunalpolitikerIn an sie gewöhnen müssen!

2.6 Die Haushaltswirtschaft der Kreise und Stadtbezirke

Die kommunale Ebene besteht nicht lediglich aus den Städten und Gemeinden, sondern auch aus Kreisen und Stadtbezirken.

Der Kreishaushalt

Das Grundgesetz sieht in Art. 28 II »Gemeindeverbände« als Bestandteil des Staatsaufbaus vor. Die Selbstverwaltungsgarantie umfasst auch diese Gemeindeverbände, die in allen Flächenstaaten in Form der Kreise existieren.

Kreise finanzieren sich vornehmlich über die Erhebung einer Umlage von ihren Mitgliedskommunen. Die Höhe dieser Umlage legt der Kreistag fest. Hierbei ergeben sich häufig handfeste politische Streitigkeiten, da die kreisangehörigen Städte und Gemeinden der Umlageerhebung recht wehrlos gegenüberstehen. Die Kreisordnungen haben die Umlage zwar subsidiär ausgestaltet, das heißt sie darf nur dann und insoweit erhoben werden, als dass der Finanzbedarf des Kreises nicht anderweitig gedeckt werden kann, doch haben sich diese Regelungen als recht zahnlos erwiesen. In wenigen Fällen hat ein rücksichtsloses Abkassieren der Mitgliedskommunen durch den Kreis vor Gericht abgewendet werden können.

Da auch die Landkreise vom verfassungsrechtlichen Gewährleistungsgehalt des Grundgesetzes (Art. 28 II) umfasst werden, steht ihnen das Recht auf eigenverantwortliche Haushaltsführung zu. Was die Details betrifft, verweisen in allen Flächenländern die Kreisordnungen auf die entsprechende Geltung der Vorgaben für die Städte und Gemeinden. Lediglich in Bayern existiert eine eigenständige Regelung für die Haushaltswirtschaft der Kreise. Diese unterscheidet sich nicht von den Vorgaben der bayerischen Gemeindeordnung und eröffnet auch den Landkreisen ein Wahlrecht zwischen der Doppik und der (bald) erweiterten Kameralistik (siehe: §§ 55ff. KrO BY).

> **Merke:** Städte und Gemeinden auf der einen Seite und Kreise auf der anderen Seite haushalten jeweils auf der Grundlage weitestgehend identischer Rechtsvorgaben. Was für die Städte und Gemeinden gilt, ist also auch für die Kreis maßgeblich!

Stadtbezirke

Darüber hinaus sind die Stadtbezirke den kommunalen Strukturen zuzurechnen. Die Existenz der Stadtbezirke und die Kompetenzen dieser Ebene ist allerdings nicht verfassungsrechtlich verankert, das Grundgesetz verpflichtet hier also zu nichts. Insbesondere in den drei *Stadtstaaten* existieren unter der gesamtstädtischen Ebene, die den Status eines Bundeslandes hat, weitere kommunale Untergliederungen.

Hamburg ist in diverse Bezirke untergliedert. Die Verwaltungsstruktur des Bezirks heißt Bezirksamt. Dem steht eine politische Bezirksversammlung gegenüber. Die Bezirksverwaltungen werden parallel zur Wahl der Hamburgischen Bürgerschaft direkt gewählt. Die Hamburger Bezirke dürfen keinen eigenen Haushalt erlassen. Allerdings sind gemäß §§ 36ff. des Bezirksverwaltungsgesetzes Haushaltsmittel des Landes für die Bezirke zu veranschlagen. Dabei wird zwischen verschiedenen Arten von Zuweisungen unterschieden. Bei Rahmenzuweisungen besteht ein Spielraum für die Bezirksversammlung zur Entscheidung über den Mitteleinsatz. In diesem Fall hat die Bezirksversammlung gemäß § 37 IV des Bezirksverwaltungsgesetzes darüber zu entscheiden, für welche konkreten Zwecke die Mittel zu verwenden sind. Hierfür richtet das Bezirksamt entsprechende Titel ein. Bei Zweckzuweisungen bestehen solche Spielräume für den konkreten Mitteleinsatz nicht. Hierbei handelt es sich um gebundene Zuweisungen. So genannte Einzelzuweisungen werden dem Bezirk nach vorheriger Bedarfsanmeldung durch Zustimmung des Senats in Gestalt einer haushaltsrechtlichen Veranschlagung zugewiesen.

Der Stadtstaat *Bremen* setzt sich zusammen aus den Städten Bremen und Bremerhaven. Letzteres besitzt den Status einer kreisfreien Stadt und erlässt durch die Stadtverordnetenversammlung einen eigenen Haushalt (§ 55 der Verfassung Bremerhavens). In der Stadt Bremen existiert keine solche Vertretung auf Stadtebene. Hier gibt es Ortsteilstrukturen, die sich aus Ortsämtern als Verwaltungsstrukturen und Ortsbeiräten als direkt gewählte politische Vertretungen zusammensetzen. Den Ortsbeiräten steht kein Haushaltsrecht zu. Allerdings sind den Ortsbeiräten globale Mittel aus dem Landeshaushalt zur Verfügung zu stellen. Hierüber kann auf Grundlage des Ortsbeirätegesetzes (§ 32 i.V.m. § 7) durch den Beirat verfügt werden. Damit sind freie Entscheidungen beispielsweise zugunsten von sozialen, ökologischen oder kulturellen Zwecken möglich.

Auch der Stadtstaat *Berlin* ist in Bezirke unterteilt. Den Bezirksämtern als Verwaltungsstrukturen stehen ebenfalls direkt gewählte Bezirksverordnetenversammlungen gegenüber. Im Gegensatz zu Hamburg und Bremen haben die Berliner Bezirke eine eigene Haushaltsführungsbefugnis. Dies resultiert daraus, dass § 66 Abs. II der Berliner Landesverfassung den Bezirken die Selbstverwaltung garantiert. Daraus ergibt sich eine Befugnis zur Budgetgebung, die faktisch durch die Höhe der finanziellen Zuweisung des Senats begrenzt ist. Den Haushaltsplan beschließt die jeweilige Bezirksverordnetenversammlung nachdem das Bezirksamt, quasi die Bezirksregierung, zuvor Eckwerte für den Haushalt beschlossen hat. Grundlage der Haushaltsführung auf der Bezirksebene sind die Globalmittel des Landes gem. § 85 Abs. II der Landesverfassung bzw. § 4

Abs. I des Bezirksverwaltungsgesetzes, die das Land den Bezirken nach einem bestimmten Schlüssel zukommen lässt.

In Flächenstaaten

Auch in Flächenstaaten existieren unterhalb der Stadtebene kommunale Strukturen. Obwohl das Grundgesetz hierzu nicht verpflichtet, sind die kreisfreien Städte in aller Regel in Stadtbezirksstrukturen untergliedert. Auf diesem Weg soll eine ortsnahe Struktur geschaffen werden, die als Ansprechpartner für die Probleme und Belange in den Vierteln fungieren soll. Auf bezirklicher Ebene existiert in der Regel eine Art Bezirksverwaltung, der eine Bezirksvertretung als parlamentsähnliche Einrichtung gegenübersteht. Die Bezirksvertretungen werden zum Teil (z.B. in Nordrhein-Westfalen) direkt gewählt. In anderen Fällen leitet sich ihre Besetzung aus den Wahlergebnissen der Parteien und Wählergruppen für die Stadtratswahl im jeweiligen Bezirksgebiet ab (z.B. in Baden-Württemberg).

Ein eigenes Haushaltsrecht steht den Bezirksvertretungen nicht zu. Die Kompetenzen der Bezirksvertretungen beschränken sich in der Regel auf Empfehlungen an den Rat in Angelegenheiten, die den Bezirk betreffen.

Linke Kommunalpolitik sollte den Anspruch haben, basis- und bürgernahe Strukturen zu stärken. Dem entspricht es, sich auf Landesebene für eine Ausweitung der Bezirkskompetenzen einzusetzen. Zentral für eine wirkliche Stärkung der Bezirksvertretungen ist hierbei die eigene Haushaltsverantwortung. Erst wenn die Bezirksvertretungen unmittelbar über die politischen Prioritätensetzungen im Bezirk im Sinne auch von konkreter Mittelvergabe entscheiden können, sind sie in der Lage, ihrem Grundanspruch gerecht zu werden, nämlich für Probleme vor Ort auch Lösungen finden und durchsetzen zu können. Den Bezirken einen eigenen Haushalt zu ermöglichen obliegt dem Landtag. Konkrete Schritte zur Stärkung der Bezirksvertretungen können aber auch schon vor entsprechenden Änderungen auf Landesebene gegangen werden.

Den Stadträten in kreisfreien Städten steht es z.B. frei, den Bezirksvertretungen im städtischen Haushalt bestimmte Globalsummen für Infrastrukturinvestitionen oder für die Förderung von örtlichen Initiativen bereitzustellen. Zumindest vom Grundsatz her ist dies in diversen Bezirken der Stadtstaaten auch der Fall, wie die bremischen Ortsbeiräte, die allerdings mit sehr geringen finanziellen Mitteln ausgestattet sind, zeigen. In Nordrhein-Westfalen wird der Rat im Grundsatz auch zu einer solchen Mittelbereitstellung verpflichtet (§ 37 III GO NRW).

Die Größenordnung dieser Bereitstellung ist in vielen Kommunen meist mehr als dürftig. Auch unabhängig von einer gesetzlichen Vorgabe wie in Nordrhein-Westfalen können die Städte im Haushalt Verfügungs- und Investitionsmittel für die Bezirke verankern. Da die Stadt für diese Globalmittel aber nicht ohne Weiteres mehr Geld zur Verfügung stellen kann, geht dies auf Kosten der Veranschlagung konkreter Projekte im städtischen Haushalt. Hier verlässt die Ratspolitik in der Regel der Mut. Denn die Stärkung der Bezirksvertretungen durch Bereitstellung von eigenen Investitionsmitteln gibt dann eben auch eigene Entscheidungskompetenzen aus der Hand. Wer es mit der Stärkung der Stadtbezirke ernst meint, sollte hiervor nicht zurückstecken.

Muster für einen Antrag im Vorfeld oder während der Haushaltsberatungen

Beschlussentwurf: Die Verwaltung wird beauftragt, im neu aufzustellenden Haushaltsplan globale Verfügungsmittel für Investitionen und Fördermaßnahmen in den Stadtbezirken zu veranschlagen. Die Höhe des Ansatzes pro Stadtbezirk soll anhand der Einwohnerzahl berechnet werden, wobei ein Betrag von X Euro pro Einwohner zugrunde gelegt wird. Über die konkrete Verwendung der Mittel entscheidet die zuständige Bezirksvertretung im Laufe des Haushaltsjahres.

Begründung: Die Stadtbezirke sind die bürgernaheste politische Ebene. Die Bezirksvertretungen sollen die Möglichkeit erhalten, eigenverantwortliche Akzente bei der Stadtentwicklungspolitik in ihrem örtliche Zuständigkeitsgebiet setzen zu können. Die Verankerung entsprechender Verfügungsmitteln im Haushalt wahrt die gesamtstädtische Haushaltsautonomie und eröffnet den Bezirken gleichsam die Chance, die aus ihrer Ortsnähe erwachsende Sachkunde bei der Bewertung von örtlichen Notwendigkeiten zum Tragen kommen zu lassen.

3. Grenzen der Autonomie: Haushaltsausgleich und die Befugnisse der Kommunalaufsicht

Der kommunalen Haushaltsautonomie sind Grenzen gesetzt. Zum einen verfügen die Kommunen nicht über unendliche Ressourcen. Aber auch souveräne Entscheidungen der Kommunen können durch die Aufsichtsbehörden »kassiert« werden. In Leipzig beschloss beispielsweise eine Mehrheit (aus linken, grünen und sozialdemokratischen Ratsmitgliedern) im Rat die Einführung eines Sozialtickets, die zu Mehrkosten beim öffentlichen Nahverkehr geführt hätte. Die Aufsicht stellte sich dagegen und setzte sich über die Entscheidung der gewählten Ratsmitglieder unter Verweis auf die Überschuldung der Stadt hinweg.

Im Folgenden wird dargestellt, welchen rechtlichen Bindungen die Kommunen bei der Haushaltsführung unterliegen und – zumindest in den Grundzügen – wann Sanktionen durch die Aufsicht möglich sind.

3.1 Haushaltsgrundsätze

Nach den Gemeindeordnungen haben die Kommunen bei ihrer Haushaltswirtschaft diverse Grundsätze zu beachten. So müssen die Kommunen in Nordrhein-Westfalen grundsätzlich *effizient, sparsam und wirtschaftlich* agieren. Außerdem wird eingefordert, dass die Haushaltswirtschaft der Kommunen den Erfordernissen des gesamtwirtschaftlichen Gleichgewichts entspricht. Der konkrete rechtliche Gehalt dieser Anforderungen ist aber begrenzt, was bei der Floskelhaftigkeit der Formulierungen nicht weiter verwundert.

Haushaltsausgleich

Bedeutungsvoller ist da schon das Gebot, den Haushalt mindestens auszugleichen. Hierbei unterscheiden sich die Gesetze von Land zu Land. Während in einigen Bundesländern der Ausgleich verpflichtend ist (z.B. § 75 Abs. II GO NRW), ist er in anderen Bundesländern nur als »Soll-Vorschrift« ausgestaltet (z.B. § 75 Abs. III GO Schleswig-Holstein). Auch die *Definition* des Ausgleiches variiert. Während in einigen Bundesländern sowohl auf die Salden des Ergebnis- und des Finanzhaushaltes abgestellt wird (z.B. in Rheinland-Pfalz), ist in den meisten Ländern der Ausgleich des Ergebnishaushaltes ausreichend bzw. maßgeblich (z.B. Bayern, Nordrhein-Westfalen, Niedersachsen, Sachsen-Anhalt, Schleswig-Holstein). Der Ergebnishaushalt ist immer dann ausgeglichen, wenn

»der Gesamtbetrag der Erträge den Gesamtbetrag der Aufwendungen erreicht oder übersteigt«. Diese Fokussierung der Ausgleichsdefinition auf den Ergebnishaushalt ergibt sich aus dem Grundanspruch der Doppik. Hier soll schließlich der Ressourcenverbrauch im Verursachungszeitraum erfasst werden.

Überschüsse und Fehlbeträge

In den seltensten Fällen wird der Ergebnishaushalt tatsächlich exakt ausgeglichen sein. Im Regelfall ist eine Differenz von Erträgen und Aufwendungen zu verzeichnen. Es wurde bereits dargestellt, dass der Saldo des Ergebnishaushaltes das kommunale Eigenkapital entweder erhöht (Überschuss) oder verringert (Fehlbetrag). Dabei ist zu bedenken, dass aus dem Charakter des Eigenkapitals resultiert, dass auch ein Überschuss des Ergebnishaushaltes der Kommune keine zusätzliche verfügbare Geldsumme verschafft (die z.B. in Schulsanierungen investiert werden kann).

Das Eigenkapital ist die positive Differenz der Wertigkeit aller Vermögenswerte abzüglich der Verbindlichkeiten. Verzeichnet die Kommune in einem Haushaltsjahr einen Überschuss von Erträgen zu Aufwendungen, dann nimmt hierdurch das Eigenkapital zu. Dies geschieht, wenn die Summe der Verbindlichkeiten im Verhältnis zur Wertigkeit des Gesamtvermögens abnimmt. Das Eigenkapital nimmt also auch dann zu, wenn die Kommune insgesamt weniger Vermögen besitzt, die Schuldensumme aber noch stärker sinkt. Wächst das Vermögen und wachsen die Schulden bzw. Verbindlichkeiten nicht oder langsamer, nimmt das Eigenkapital ebenfalls zu.

Merke: Überschüsse oder Fehlbeträge des Ergebnishaushaltes verändern das kommunale Eigenkapital auf der Passiv-Seite der Bilanz. Aus diesem Grund sind Überschüsse auch nicht für politische Zwecke einsetzbar – sie dokumentieren lediglich einen Zuwachs des Anteils am kommunalen Gesamtvermögen, der nicht durch Verbindlichkeiten finanziert wird. Es bleibt dabei: Das Eigenkapital ist eine fiktive Größe! Sie stellt die Wertigkeit des Anteils am Gesamtvermögen dar, das nicht auf Verbindlichkeiten beruht.

Ausgleichs- oder Ergebnisrücklagen

Die Salden der Ergebnisrechnungen reduzieren oder erhöhen also am Ende des Haushaltsjahres das kommunale Eigenkapital in der Bilanz. Eine entsprechende Verrechnung wird aber nicht ohne Weiteres vorgenommen. Vielmehr sehen die Gesetze bzw. Verordnungen regelmäßig vor, dass die Überschüsse oder Fehlbeträge des Ergebnishaushaltes in eine Ausgleichs- oder Ergebnisrücklage »fließen«. Diese Rücklagen stellen einen Teil des Eigenkapitals dar, sind aber dort gesondert ausgewiesen bzw. als Unterpunkt ausgegliedert.

Das Eigenkapital wird also mehrfach (fiktiv) in bestimmte Rücklagen unterteilt. Während der Hauptteil des Eigenkapitals häufig als »allgemeine Rücklage« bezeichnet wird, ist die Ausgestaltung der sonstigen Rücklagen und deren konkrete Funktion von Land zu Land verschieden. Hier sollen zwei Modelle dargestellt werden.

In *Bayern* und zahlreichen anderen Bundesländern *(Baden-Württemberg, Rheinland-Pfalz)* ist eine Ergebnisrücklage als Teil des Eigenkapitals einzurichten. In diese sind die Überschüsse und Fehlbeträge der Ergebnisrechnungen zu übertragen. Sowohl Überschüsse als auch Fehlbeträge werden hier also gesondert aufgeführt und sollen über die Jahre miteinander verrechnet werden. Mit dieser Fiktion einer gesonderten »Rücklage« soll einzig und allein die transparente Dokumentation der mittelfristigen Haushaltsentwicklung ermöglicht werden. Fehlbeträge sollen nicht einfach in der häufig (noch) großen Restsumme des Eigenkapitals aufgehen bzw. »verschwinden«. Die Ergebnisse der Haushalte sollen mittelfristig erkennbar bleiben, damit nachvollziehbar ist, ob sich Fehlbeträge kurz- bis mittelfristig durch Überschüsse ausgleichen lassen – insgesamt also Haushaltsstabilität gewahrt bleibt. Erst nach einer gewissen Zeit (drei Jahre in Baden-Württemberg und Bayern, fünf Jahre in Rheinland-Pfalz) dürfen nicht durch Überschüsse ausgeglichene Fehlbeträge mit dem sonstigen Eigenkapital verrechnet werden.

In *Nordrhein-Westfalen* durfte mit der Eröffnungsbilanz eine Ausgleichsrücklage als Bestandteil des Eigenkapitals ausgewiesen werden. In Abhängigkeit von der Größe des Eigenkapitals und den durchschnittlichen Erträgen aus Steuern wurde hierfür eine Höchstgrenze definiert. Fehlbeträge des Ergebnishaushaltes sind sofort mit der Ausgleichsrücklage zu verrechnen. Überschüsse können bis zu einem bestimmten Punkt die Ausgleichsrücklage wieder auffüllen. Sie dient als Puffer, die der Gesetzgeber definiert hat, um Sanktionen für die kommunale Haushaltswirtschaft, die an der Eigenkapitalreduzierung ansetzen, nicht bei jedem Fehlbetrag greifen zu lassen. Sofern die Kommune Haushaltsdefizite also »nur« bis zur Höhe der Ausgleichsrücklage verzeichnet, greifen keine Sanktionen. Dieser Regelung liegt die Überzeugung des Gesetzgebers zugrunde, dass die absolute Stabilität des kommunalen Eigenkapitals nicht zwingend nötig ist. Haushaltswirtschaftliche Schwankungen müssen schließlich nicht immer auf eine Haushaltsnotlage schließen lassen.

Merke: Ergebnis- oder Ausgleichsrücklagen sind eine Fiktion. Hierbei handelt es sich um einen Bestandteil des Eigenkapitals. Sie stellen also lediglich abstrakte Wertsummen dar. Die Größe dieser Summen entspricht einem bestimmten Anteil am Gesamtvermögen, das nicht auf Verbindlichkeiten beruht. Ausgleichs- oder Ergebnisrücklagen können genauso wenig wie das sonstige Eigenkapital für politische Vorhaben »angezapft« werden.

3.2 Überschuldung und wann kommt der Sparkommissar?

Die Rechtsgrundlagen verlangen von den Kommunen einen ausgeglichenen Haushalt. Und dennoch sind die kommunalen Haushalte vielerorts unausgeglichen. Das ist Ausdruck einer strukturellen kommunalen Finanznot, die nicht ohne Weiteres auf eine verschwenderische Haushaltspraxis der einzelnen Kommunen zurückgeführt werden kann. Das erkennt der Gesetzgeber auch indirekt an. Denn an einen Verstoß gegen das Ausgleichsgebot sind häufig keine unmittelbaren Rechtsfolgen geknüpft.

Im Fokus der Gemeindeordnungen steht das Ausgleichsgebot nicht. Das überragende Gebot der Kommunalverfassungen ist vielmehr die Verpflichtung für die Kommunen, die dauerhafte Erfüllbarkeit ihrer Aufgaben sicherzustellen. Die Sicherung der dauerhaften Handlungsfähigkeit ist das *oberste Gebot* der Haushaltswirtschaft. Dieses Gebot wird dann verletzt, wenn sich die Kommune überschuldet. Die Überschuldung tritt dann ein, wenn die Kommune über kein Eigenkapital mehr verfügt, wenn also die Summe der Verbindlichkeiten größer ist als die Wertigkeit des gesamten kommunalen Vermögens. Das bedeutet, dass die kommunale Haushaltswirtschaft strukturell unausgeglichen ist und der Summe an Verbindlichkeiten keine eigenfinanzierten Vermögenswerte mehr gegenüberstehen. In der Betriebswirtschaft ruft diese Situation die Insolvenz hervor.

Die Reduzierung des Eigenkapitals auf null bzw. einen negativen Wert ist also *das* kommunale Schreckensszenario. Zum Teil verbieten die Gemeindeordnungen die Überschuldung schlicht. Konkrete Folgen eines Verstoßes gegen diese Pflicht sehen die Gesetze aber in der Regel nicht vor. Vielmehr greifen bereits im Vorfeld diverse Sanktionsmechanismen, die das Erreichen der Überschuldungssituation verhindern sollen. In welchem Fall welche Sanktionen für die Kommune greifen, ist von Bundesland zu Bundesland unterschiedlich. Zentraler Akteur ist hierbei stets die Kommunalaufsicht.

Exkurs: Kommunalaufsicht

Die Kommunalaufsicht wird für kreisangehörige Städte und Gemeinden in der Regel durch den Landrat (Verwaltungsspitze des Kreises) ausgeübt. Für die Kreise und die kreisfreien Städte sind übergeordnete Ebenen wie Bezirksregierungen oder die Innenministerien zuständig. Bei der Aufsicht sind grundsätzlich zwei verschiedene Modelle, die Rechts- und die Fachaufsicht zu unterscheiden. Bei der Rechtsaufsicht darf die Aufsichtsbehörde nur untersuchen, ob die Handlung der Kommune rechtmäßig war. Ob die Maßnahme in politischer Hinsicht richtig oder falsch war, ist immer Auslegungssache. Hier darf sich die Aufsichtsbehörde im Rahmen einer Rechtsaufsicht nicht einmischen. Bei der Rechtsaufsicht darf also stets nur geschaut werden, ob die Kommune *im Rahmen* der ihr gegebenen Handlungsmöglichkeiten gehandelt hat. Bei der Fachaufsicht steht der Aufsichtsbehörde im Gegensatz hierzu auch eine Wertung über die Zweckmäßigkeit der Maßnahme zu. Sie kann also entscheiden, ob die konkrete Maßnahme angebracht war oder nicht. Sie ist nicht nur auf eine reine Rechtmäßigkeitskontrolle beschränkt, sondern kann auch danach entscheiden, ob die Kommune von den rechtmäßigen Handlungsalternativen die vermeintlich beste ausgewählt hat.

Welche Form der Aufsicht im Einzelfall gegeben ist, ergibt sich aus dem jeweils einschlägigen Gesetz. Allerdings ist im Regelfall eine Rechtsaufsicht gegeben, da diese beschränkte Form der Kontrolle dem Grundgedanken der kommunalen Selbstverwaltung am ehesten entspricht.

Die Kommunalaufsicht kann von Bürgerinnen und Bürgern sowie von kommunalen Mandatsträgerinnen und Mandatsträgern auch von sich aus (kostenlos) eingeschaltet werden. Ist man der Auffassung, dass ein Vorgehen von Rat oder Verwaltung nicht rechtmäßig war bzw. eigene Rechte verletzt wurden, kann man schriftlich bei der Kommunalaufsicht eine Prüfung des Vorganges einleiten. Hierbei ist zu beachten, dass die Aufsicht nicht verpflichtet ist, den Vorgang zu prüfen. Man hat also keinen Anspruch auf Prüfung und ggf. Einschreiten der Aufsicht. Die Kommunalaufsicht wird auf ein Schreiben aber in der Regel tätig.

Standardmodell der Sanktionierung der kommunalen Haushaltswirtschaft

In vielen Bundesländern setzen aufsichtsbehördliche Einwirkungsbefugnisse gegenüber der kommunalen Haushaltswirtschaft gar nicht am Verstoß gegen das Ausgleichsgebot an. Vielmehr löst in den meisten Bundesländern unabhängig von der Haushaltssituation das Eingehen von Verbindlichkeiten (Verschuldung) eine Genehmigungspflicht der Aufsicht aus. Hierbei sind mehrere Situationen genehmigungsrelevant. Eine Genehmigung (Gesamtgenehmigung) ist regelmäßig erforderlich für den Gesamtbetrag der aufgenommenen Kredite für Investitionen. Außerdem ist häufig der Gesamtbetrag der Verpflichtungsermächtigungen genehmigungsbedürftig, sofern im Jahr der voraussichtlichen Auszahlung ein unausgeglichener Haushalt prognostiziert wird. Durch Rechtsverordnungen oder nach aufsichtsbehördlicher Anweisung kann darüber hinaus auch das Eingehen von weiteren Verbindlichkeiten von einer Einzelgenehmigung der Aufsicht abhängig gemacht werden. Dies dürfte ab einer bestimmten Höhe der Fall sein, wenn sich die Haushaltsprobleme einer Kommune als besonders gravierend erweisen.

Im Rahmen der Genehmigungsentscheidung hat die Aufsichtsbehörde nicht nur die Möglichkeit die Genehmigung zu erteilen bzw. zu versagen. Sie kann die Genehmigung auch mit Auflagen und Bedingungen versehen und somit gestaltend in die kommunale Haushaltswirtschaft eingreifen.

Sowohl gegen eine negative Genehmigungsentscheidung als auch gegen bestimmte Auflagen oder Bedingungen kann die Kommune nötigenfalls rechtlich vorgehen.

Es überrascht vielleicht, dass vielerorts nicht ein unausgeglichener Haushalt die Kommunalaufsicht auf den Plan ruft, sondern unabhängig von der Haushaltslage das Herbeiführen von Verschuldung. Hierbei muss man aber bedenken, dass eine Verschuldung durch die Pflicht zu Zinsleistungen laufende Belastungen für die kommenden Haushalte verursacht. Diese Belastungen schränken die Handlungsspielräume in Zukunft ein. Diese Einschränkung zukünftiger Spielräume ist es, die in den meisten Fällen von der Aufsicht überprüft werden soll und deshalb vom Gesetzgeber mit einem Genehmigungsvorbehalt verknüpft wird. Im Rahmen der Genehmigungsentscheidung muss die Kommunalaufsicht im Hinblick auf die Gefahr der Überschuldung entscheiden, ob das Eingehen der Verbindlichkeit mit dem Gebot, die dauerhafte kommunale Leistungsfähigkeit zu sichern, vereinbar ist. Der Genehmigungsmaßstab der Aufsichtsbehörde hat also die konkrete Haushaltssituation der Kommune zu erfassen.

Sofern der Haushalt Genehmigungspflichten auslöst, sehen die Gemeindeordnungen meist Regelungen vor, die eine Bekanntmachung der Haushaltssatzung verbieten, bis die Genehmigung erteilt wird. Damit wird gewährleistet, dass der Haushalt nicht in Kraft tritt, bevor die Genehmigungsentscheidung auch erfolgt ist.

Rechtsfolge einer ausbleibenden Genehmigung ist regelmäßig die *vorläufige Haushaltswirtschaft*. Ohne Rechtskraft der Haushaltssatzung kann die Kommune keinen Haushalt als Ermächtigungsgrundlage für finanzwirksames Agieren vorweisen. Natürlich darf deshalb aber die Kommune nicht lahmgelegt werden.

In diesem Fall darf die Kommune auf Grundlage der gesetzlichen Regelung der vorläufigen Haushaltswirtschaft agieren.

Hiernach dürfen z.B. die Steuern in der gleichen Höhe des Vorjahres erhoben werden. Vorhaben dürfen weiter geführt werden, sofern sie zwingend erforderlich sind. Außerdem dürfen Aufwendungen oder Auszahlungen zu denen sich die Kommune verpflichtet hat, geleistet werden. Die vorläufige Haushaltswirtschaft stellt ein enges Korsett für die Kommune dar und lässt ihr nur wenig Spielraum. Ursprünglich wurden diese Regelungen getroffen, um der Kommune auf der einen Seite überhaupt ein Agieren ohne rechtskräftigen Haushalt zu ermöglichen. Insbesondere aber diente dieses Instrument als Druckmittel gegenüber den kommunalen Verwaltungen. Die vorläufige Haushaltswirtschaft ist nämlich auch regelmäßig dann einschlägig, wenn zum Beginn eines Kalenderjahres noch kein rechtskräftiger Haushalt vorliegt. Die vorläufige Haushaltswirtschaft soll deshalb als »Damoklesschwert« Druck ausüben, die Aufstellung des Haushaltes und die Beratungen möglichst zeitig zu beginnen und die »Unsitte« einer Haushaltsverabschiedung inmitten eines Haushaltsjahres zu beenden. Damit dient die Regelung auch dem Budgetrecht des Rates, das nicht durch eine extrem verzögerte Haushaltsverabschiedung unterlaufen werden soll.

Besonders streng: die Gemeindeordnung Nordrhein-Westfalens

In Nordrhein-Westfalen ist das Eingehen von Verbindlichkeiten nicht der maßgebliche Anlass für eine Sanktionierung der kommunalen Haushaltswirtschaft. Hier wird an den Verstoß gegen das Ausgleichsgebot (des Ergebnishaushaltes) angeknüpft. Zwar dient eine Ausgleichsrücklage als Puffer vor entsprechenden Reglementierungen, doch ist dies im Hinblick auf die desaströse Finanzlage der Städte und Gemeinden nur eine »Galgenfrist«. Werden über das Aufzehren der Ausgleichsrücklage hinaus Fehlbeträge des Ergebnishaushaltes geplant, löst dies im besten Fall eine einfache Genehmigungspflicht aus. Nimmt das Defizit aber im Verhältnis zum Eigenkapital eine gewisse Größenordnung an, ist die Kommune verpflichtet, ein Haushaltssicherungskonzept (HSK) aufzustellen. In diesem *Haushaltssicherungskonzept* hat die Kommune konkrete Sanierungsvorhaben und Strategien darzustellen. Nur wenn mit diesem Konzept der erneute Haushaltsausgleich innerhalb der mittelfristigen Ergebnis- und Finanzplanung (drei Jahre) glaubhaft gemacht werden kann, ist es genehmigungsfähig. Von seiner Genehmigung wiederum hängt in diesem Fall die Rechtskraft des Haushaltes ab. Kurzum: Legt die Kommune kein genehmigungsfähiges HSK vor, verbleibt die Kommune bis auf Weiteres in der vorläufigen Haushaltswirtschaft. Sie darf dann insbesondere nur noch Aufwendungen oder Ausgaben leisten, zu denen sie rechtlich verpflichtet ist bzw. die zur Aufrechterhaltung der Stadtstrukturen zwingend erforderlich sind.

Es ist mehr als fraglich, ob diese strenge Regelung verfassungskonform ist. Immerhin zeigen die Erfahrungen in Nordrhein-Westfalen, dass mehr und mehr Kommunen nicht in der Lage sind, die gesetzlichen Ziele der Haushaltskonsolidierung zu erfüllen. Mehr und mehr Kommunen mussten hier in der Vergangenheit ein HSK aufstellen, das nicht genehmigungsfähig war. Doch selbst der jahrelange Verbleib in der vorläufigen Haushaltswirtschaft, die die kommunalen Spielräume auf ein Minimum einengt, führte nicht zu einer Konsolidierung. Das legt letztlich nahe, dass eine Sanierung des Kommunalhaushaltes durch die Verantwortlichen vor Ort überhaupt nicht herbeizuführen ist. Selbst drastisches Sparen vermag an den Strukturproblemen nichts zu ändern, zerstört aber gleichzeitig die soziale Struktur einer Kommune.

Es geht bereits im Ansatz fehl, eine Kommune zu Sanierungszwecken scharf zu reglementieren, wenn der Schlüssel für eine Sanierung der Kommunen überhaupt nicht in kommunaler Hand liegt. Auf diese Weise wird eine falsche Antwort auf das Problem der kommunalen Haushaltskrise gegeben und die Selbstverwaltung vor Ort ausgeschaltet. Das ist mit dem vom Grundgesetz verbürgten Anspruch auf kommunale Selbstverwaltung nicht zu vereinbaren. Ohne eine bedarfsgerechte Ausfinanzierung der Kommunen durch den Bund und insbesondere durch das jeweilige Bundesland ergeben sich bei starken Reglementierungen der kommunalen Haushaltswirtschaft erhebliche verfassungsrechtliche Bedenken.

Anstatt sich aufsichtsbehördlichen Spardiktaten zu unterwerfen, sollte im konkreten Fall deshalb von der Kommunalpolitik vor Ort auch der Widerstand auf rechtlichem Weg gegen Maßnahmen der Aufsicht geprüft werden. Hier gibt es bereits erste Erfolge. Jüngst wurde eine Verfügung zur Schließung von Schulen in Hagen von den Gerichten zurückgewiesen.

Wann kommt der Sparkommissar?

Die Bestellung eines Sparkommissars bzw. einer Sparkommissarin, der/die Rat und BürgermeisterIn vor Ort entmachtet, ist häufig als Schreckensgespenst in der Diskussion, wenn es um eine fortgesetzte und katastrophale Haushaltsnotlage geht. Häufig wird hiermit auch Politik gemacht: Sparpakete werden schließlich auch damit begründet, dass anderenfalls die Entmachtung durch einen eingesetzten Kommissar bzw. eine Kommissarin droht.

Wie ist die Sachlage wirklich? In den Rechtsvorgaben zur kommunalen Haushaltswirtschaft ist eine entsprechende Beauftragtenstellung (= SparkommissarIn) meist gar nicht vorgesehen. Die Beauftragtenstellung ist vielmehr eine Option, die der Aufsicht im Rahmen ihrer allgemeinen Möglichkeiten eröffnet wird. Diese kommt dann in Betracht, wenn die sonstigen Handlungsmöglichkeiten der Aufsicht zur Herstellung eines ordnungs- und rechtmäßigen kommunalen

Handelns nicht ausreichen. Als sonstige und der Beauftragtenstellung vorrangige Maßnahmen der Aufsicht kommen insbesondere das Recht zur Beanstandung, Anordnung oder Ersatzvornahme in Betracht.

Wann kommt sie oder er denn nun...

1. Eine *Beanstandung* kommt in Betracht, wenn die Kommune rechtswidrige Beschlüsse gefasst oder rechtswidrige Handlungen durchgeführt hat. Durch die Beanstandung wird die Möglichkeit zur Selbstkorrektur eröffnet.
2. Die *Anordnung* konkreter Maßnahmen ist der nächste Schritt, falls die Selbstkorrektur nicht erfolgt.
3. Wenn die Kommune auch dem nicht nachkommt, kann die Aufsicht mittels der *Ersatzvornahme* das Erforderliche für die Kommune im Einzelfall selbst durchführen.
4. Erst wenn all diese Maßnahmen nicht wirken, kann als ultima ratio ein *Beauftragter* bestellt werden.

In der Praxis wurde ein Beauftragter im Kontext einer kommunalen Haushaltsnotlage nur in ganz wenigen Fällen überhaupt eingesetzt. Die Anforderungen an die Beauftragtenstellung sind nämlich extrem hoch und selbst eine Überschuldungssituation ist noch keine ausreichende Begründung für die Bestellung eines Beauftragten. Bislang hat kaum eine Landes- oder Bezirksregierung die Bestellung eines Beauftragten aufgrund einer Haushaltskrise gewagt. Hierfür ist sicherlich auch maßgeblich, dass die Absetzung der gewählten Vertreterinnen und Vertreter sowie der häufig direkt gewählten Verwaltungsspitze auch einen Affront gegenüber den Wählerinnen und Wählern darstellt. Hinzu kommt eine verfassungsrechtlich heikle Situation: Immerhin bedeutet die Bestellung einer Beauftragten oder eines Beauftragten, dass die verfassungsrechtlich verbürgte Selbstverwaltung gänzlich außer Kraft gesetzt wird.

Die Bestellung eines Beauftragten oder einer Beauftragten ist also rechtlich und tatsächlich an sehr hohe Hürden geknüpft. Im Kontext einer Haushaltsnotlage dürfte eine krasse Misswirtschaft in eklatantem Ausmaß von Rat *und* Verwaltungsspitze notwendig sein, um eine Entmachtung der gewählten FunktionsträgerInnen überhaupt nur möglich zu machen. Allerdings haben die Aufsichtsbehörden in Nordrhein-Westfalen jüngst einen neuen Weg beschritten: Im Kontext einer schweren Haushaltsnotlage wurde ein so genannter Sparberater installiert. Diese Person ersetzt die Verantwortlichen vor Ort nicht, sondern hat die Aufgabe, Vorschläge für Sanierungsprozesse zu unterbreiten. Auch diese Bestellung ist in rechtlicher Hinsicht umstritten. Von einer Ausschaltung der kommunalen Selbstverwaltung kann in diesem Kontext aber keine Rede sein.

Fazit: Der Sparkommissar bzw. die Sparkommissarin ist wie eine Märchenfigur. In der Wirklichkeit bekommt man sie oder ihn so gut wie nie zu sehen. In Erzählungen taucht sie aber häufig auf. Das belegt: Die Option des Sparkommissars dient mehr der präventiven Disziplinierung! Die Kommunalpolitik soll vor dem Hintergrund einer drohenden Entmachtung lieber eigenverantwortlich sparen. Für linke Politik muss hierbei gelten: Sparen, wo es sinnvoll ist – ja! Kaputtsparen – ohne uns! Vor Drohkulissen einer angeblichen Entmachtung durch den Sparkommissar oder einer rigiden Aufsichtspraxis sollte man deshalb nicht vorauseilend in die Knie gehen. Wenn es um die soziale Substanz der Kommune geht, dann ist die Auseinandersetzung mit der Aufsicht und der Gang vor Gericht ggf. der bessere Weg, als vorauseilend den »Schwanz einzuziehen«.

4. Neue Chancen mit der Doppik? Politische Steuerung und Partizipation!

Der Rat erlässt den Haushalt durch Satzungsbeschluss. Die Kommunalpolitik hat also beim Haushalt »den Hut auf«. Sie trägt für die politische Prioritätensetzung im Haushaltsjahr Verantwortung. Dies ist allerdings eine rein formale Betrachtungsweise. Grundsätzlich ist die ehrenamtlich arbeitende Kommunalpolitik gegenüber der hauptamtlichen Verwaltung im Hinblick auf Informationen und Hintergrundwissen im Hintertreffen. Was beim laufenden Geschäft der kommunalen Sitzungen und Beratungen bereits der Fall ist, gilt für den häufig komplizierten und facettenreichen Prozess der Haushaltsverabschiedung erst recht.

Dies ist durch die Umstellung der Haushaltswirtschaft auf die Doppik in den meisten Kommunen noch verschärft worden, denn erst einmal dürfte bei vielen Kommunalpolitikerinnen und Kommunalpolitikern eine gewisse Unsicherheit im Umgang mit der neuen Systematik eingetreten sein. Neben dem faktischen Problem der zeitaufwendigen Einarbeitung in eine neue Haushaltssystematik sind vielerorts im Kontext der Doppik durch die Definition abstrakter Produkte zudem zahlreiche Detailinformationen aus der Haushaltsdarstellung gefallen. Die politische Steuerungsfähigkeit leidet darunter strukturell.

Nicht nur im Hinblick auf diese Probleme ist die Kommunalpolitik, zumal linke, gefordert, neue Wege zu beschreiten. Konkret soll im Folgenden der Fokus auf eine neue Qualität politischer Steuerung der Haushaltswirtschaft sowie einen möglichst partizipativen Ansatz für die politischen Entscheidungen gelegt werden.

4.1 »Entscheidend ist, was hinten raus kommt« – für einen wirkungsorientierten Kommunalhaushalt!

Anspruch der Doppik war, mit einer neuen Haushaltssystematik das kamerale Dilemma zu überwinden, dass sich eine politische Prioritätensetzung bei Haushaltsberatungen »nur« in dem Erhöhen von Haushaltstiteln erschöpfen konnte. Mit der Erhöhung der Mittel z.B. für die Stadtranderholung für Kinder aus finanzschwachen Familien war aber noch nichts darüber ausgesagt, ob nun tatsächlich mehr Kinder die Angebote wahrnehmen können, oder ob das Angebot qualitativ verbessert wird. Möglich wäre ggf. auch, dass mit den zusätzlichen

Mitteln ein Beratungsseminar für die ProgrammleiterInnen finanziert wurde. Bislang wurden solche Entscheidungen bestenfalls abseits der Haushaltsberatungen in den Fachausschüssen des Rates entschieden. Häufig lag dem aber auch überhaupt keine politische Entscheidung zugrunde. Vielmehr wurde hierüber innerhalb der Verwaltung entschieden.

Die Innenminister der Länder haben sich mit der Einführung der Doppik darauf verständigt, dass mit einem neuen Kommunalhaushalt der Kommunalpolitik auch neue Steuerungsmöglichkeiten an die Hand gegeben werden, mit denen bereits auf der Ebene der haushaltsrechtlichen Verankerung stärker das Ergebnis des Mitteleinsatzes gesteuert werden soll. Der Fokus soll also nicht auf dem abstrakten Mitteleinsatz, sondern auf den mit den Ressourcen bewirkten Ergebnissen dieses Einsatzes liegen.

Dem trägt abstrakt schon die Produktorientierung der Teilhaushalte Rechnung. Während früher Titel für Auszahlungen geschaffen wurden, soll nun der Ressourceneinsatz für eine bestimmte Leistung der Kommune im Mittelpunkt stehen, um so die Ergebnisorientierung des Mitteleinsatzes zum Ausdruck zu bringen.

Diese Änderung dürfte hinsichtlich ihrer praktischen Auswirkung aber eher belanglos und lediglich semantischer Natur sein. Wirklich neuartige Möglichkeiten der politischen Steuerung von Haushaltswirtschaft sehen die Gemeindeordnungen bzw. häufig detailreicher die Haushaltsverordnungen mit der Option von Zielvorgaben für bestimmte kommunale Leistungen vor.

Beispiel: § 12 GemHVO NRW – Ziele und Kennzahlen zur Zielerreichung: Für die gemeindliche Aufgabenerfüllung sollen produktorientierte Ziele unter Berücksichtigung des einsetzbaren Ressourcenaufkommens und des voraussichtlichen Ressourcenverbrauchs festgelegt, sowie Kennzahlen zur Zielerreichung bestimmt werden. Die Ziele und Kennzahlen sollen zur Grundlage der Gestaltung der Planung, Steuerung und Erfolgskontrolle des jährlichen Haushaltes gemacht werden.

Ein neues Aufgabenfeld ist die Definition von *Zielen* des Mitteleinsatzes im Rahmen einer kommunalen Leistung. Kommunale Leistungen werden in der Doppik als Produkt zusammengefasst und definiert. Für diese Leistung(en) wird ein entsprechender Ressourcenrahmen (Ergebnisplan) zur Verfügung gestellt, was in einem Teilhaushalt dargestellt wird. Hier sind auch die Zielsetzungen für das entsprechende »Produkt« zu definieren und zu verankern. Im Hinblick auf die Fülle von Teilhaushalten wird nicht jede dieser Zielvorgaben im Rahmen der Haushaltsberatungen einzeln angesprochen und automatisch diskutiert. Vielmehr legt die Verwaltung ihrerseits mit dem Haushaltsentwurf für die einzelnen Produkte und Teilhaushalte Zielvorgaben vor. Diese Ziele stellen aber häufig nicht viel mehr als Beschreibungen des Leistungsprozesses dar.

Wichtig: Hier kommen nun die Kommunalpolitikerinnen und Kommunalpolitiker ins Spiel. Jede Zieldefinition ist Bestandteil des Haushaltes und kann durch die Kommunalpolitik verändert werden. Die Definition von entsprechenden Zielvorgaben kann und sollte daher in den Haushaltsberatungen zum Thema beispielsweise in Gestalt von Änderungsanträgen werden.

Bei der Definition von Zielvorgaben ist zwischen *strategischen* und *operationalen* Zielen zu unterscheiden. Auf der Ebene der Teilhaushalte gilt es, insbesondere operationale Ziele zu definieren. Das bedeutet, auf die konkrete kommunale Leistung bezogen, einen realisierbaren Erfolg, der auch messbar ist, als Zielstellung zu definieren.

Die Zielsetzung einer »Heranführung von Kindern an musische Erlebniswelten durch hochqualitativen Unterricht zur umfassenden Entfaltung der kreativen Potenziale« für den Teilhaushalt »Musikschule« würde nicht wirklich weiterhelfen. So sehr dieses Ziel schließlich in strategischer Hinsicht unterstützenswert ist, so wenig leitet sich daraus ein unmittelbares Handlungsgebot für die Verwaltung ab. Insbesondere sind bei derart unkonkreten Zielsetzungen auch die Ergebnisse nicht zu überprüfen. Ohne eine konkrete Erfassung der Ergebnisse kann aber eine wirkungsorientierte Haushaltssteuerung nicht vorgenommen werden. Steuerung bedarf insofern konkreter Maßstäbe und keiner rhetorischen Wolkenkuckucksheime.

Auf der Ebene der Teilhaushalte gilt es also, klare operationale Ziele zu definieren. Bei der Musikschule könnte das beispielsweise die »Steigerung der Zahl junger Musikschulnutzerinnen und -nutzer im Alter bis 14 um X%« sein. Hier wäre es sinnvoll, diese Zielsetzung mit der Maßgabe eines zu erreichenden Betreuungsschlüssels im Verhältnis von Schülerinnen und Schülern zu Betreuern zu verbinden. Die Qualität des Musikschulunterrichts hängt schließlich nicht zuletzt von der Möglichkeit für den Betreuer oder die Betreuerin ab, sich den Schülerinnen und Schülern individuell zu widmen. Insbesondere soll die Steigerung der Zahl der Nutzerinnen und Nutzer auch nicht einfach durch überdimensionierte Gruppengrößen erzielt werden. Die Zielvorgabe kann, um solche Szenarien auszuschließen, auch um die Vorgabe bestimmter Maßnahmekataloge für die Zielerreichung ergänzt werden.

Im genannten Beispiel könnten verstärkte Werbung oder neue attraktive Angebote bei der Musikschule als Mittel zur Zielerreichung vorgegeben werden.

Die Zielsetzung eines bestimmten Betreuungsschlüssels, von beispielsweise durchschnittlich (Einzel- und Gruppenunterricht erfassend) einem Betreuer auf fünf Kinder würde bei einem aktuellen Betreuungsschlüssel von eins zu acht ggf. zusätzliche Personalmittel für den Unterricht als Umsetzungsmaßnahme erfordern.

Die Maßnahmendefinition ist übrigens nicht zwingend erforderlich. Es kann auch der Verwaltung überlassen bleiben, konkrete Ansätze für die Zielerreichung zu entwickeln. Damit nimmt freilich auch der Grad der politischen Steuerung ab, da das Ziel häufig auf vielen Wegen erreicht werden kann, wie das Beispiel »Vergrößerung der Gruppengrößen« bei der Erhöhung der Schülerzahl der kommunalen Musikschule zeigt.

Mittels *Kennzahlen* soll der Zielerreichungsgrad erfasst werden. Die Kennzahlen ergeben sich letztlich aus den operativen Zielen. Wird z.B. ein bestimmter Betreuungsschlüssel von Schülerinnen und Schülern zu Betreuern in einer Musikschule angestrebt, ist die Entwicklung dieses Schlüssels der Parameter, anhand dessen die Entwicklungstendenzen im Leistungsprozess bis hin zur Zielerreichung gemessen werden sollen.

Hier wird deutlich: Politische Steuerung muss in jeder Haushaltssystematik mehr sein als ein- oder zweijährig im Rahmen des Haushalts beschlossene politische Zielvorgaben. Soll tatsächlich Einfluss auf die Verwaltungspraxis im Hinblick auf bestimmte Leistungsvorgänge genommen werden, bedarf dies eines regelmäßigen politisch institutionalisierten Evaluationsprozesses. Die Politik sollte sich daher von der Verwaltung regelmäßig über die Entwicklung auf den relevanten Feldern informieren lassen. Dies kann schriftlich erfolgen, sollte aber im Hinblick auf Erläuterungen, Fragenotwendigkeiten und Diskussionsbedarf eher im institutionalisierten Rahmen der kommunalen Gremien erfolgen. Bleiben entsprechende Berichte aus, sollten diese durch die Ratsfraktionen eingefordert bzw. das Thema auf die Tagesordnung der zuständigen Gremien gesetzt werden.

Der Haushalt besteht aus zahlreichen Teilhaushalten und bereits im Kontext des oben angeführten Beispiels der kommunalen Musikschulen gäbe es unzählige Ansatzpunkte für konkrete operationale Zielsetzungen.

Beispiele: So könnte beispielsweise ein bestimmter Kostendeckungsgrad pro beschäftigter Lehrerin bzw. Lehrer anvisiert werden, oder aber ein bestimmtes Verhältnis von Schülerinnen zu Schülern, jeweils noch nach Alter und ggf. Migrationshintergrund spezifiziert, oder aber es wird die durchgeführte Unterrichtsstundenzahl mit einer bestimmten Zielvorgabe in das Verhältnis zur Entwicklung der städtischen Bevölkerung gesetzt.

Der Fantasie von möglichen Korrelationen, die man in eine bestimmte Richtung entwickeln möchte, sind hierbei keine Grenzen gesetzt. Diese geradezu unendliche Vielfalt von Anwendungsfeldern und ihr kleinteiliger Ansatz macht aber auch deutlich, dass die neuen Instrumente nicht ohne Weiteres eine umfassende politische Haushaltssteuerung ermöglichen. Soll tatsächlich über punktuelle Ansätze hinaus eine strategische Haushaltssteuerung vorgenommen werden, müssen die neuen Instrumente der Doppik innerhalb eines *Gesamtkonzeptes der Ausrichtung des Haushaltes* zum Tragen kommen. Hierbei dürfen die einzelnen Teilhaushalte nicht der Ausgangspunkt der Überlegungen zur politischen Steuerung des Gesamthaushaltes sein.

Es bedarf der Entwicklung eines kommunalen Leitbildes – mit der Herausarbeitung von einigen (wenigen) strategischen Zielen, die sich aus der konkreten kommunalen Situation ergeben. Solche strategischen Ziele könnten – grob vereinfacht – die »soziale Stadt«, die »klimagerechte Stadt« oder die »kinderfreundliche Stadt« sein. Kann man sich politisch auf derartige strategische Ziele verständigen, die natürlich noch in einem Leitbild auszuführen sind, sollte die Verwaltung den Haushalt nach diesen Zielsetzungen aufbereiten. Konkret erfordert dies, dass vonseiten der Verwaltung im Prozess der Haushaltsaufstellung auf der Ebene der Teilhaushalte analysiert wird, ob hier für die strategischen Ziele ein konkreter Anknüpfungspunkt besteht. Ist dies der Fall, sollen hierfür konkrete operationale Ziele abgeleitet und mit Kennzahlen und Maßnahmepaketen unterlegt werden. Auf diese Art und Weise kann ausgehend von politisch definierten Leitbildern und strategischen Zielen ein roter Faden der prioritären Ausrichtung des Haushaltes gezogen werden.

Die »soziale Stadt« als strategisches Leitbild und Zielsetzung könnte demnach erfordern, dass die Kommune im Produktbereich Schulträgeraufgaben bzw. im Produkt »Offene Ganztagsschule« das operationale Ziele einer »Steigerung des Besuchs der offenen Ganztagsschule für Kinder mit Migrationshintergrund« definiert oder im Kontext des Wohnungsbaus die »Steigerung des sozialen Wohnungsbaus« als Ziel definiert und mit konkreten Zielwerten unterlegt.

Gender Budgeting

In einem solchen Leitbild kann auch die Betrachtung des Haushalts unter dem Blickwinkel der Gleichstellung eine Rolle spielen. Als Teil des *Gender-Mainstreaming,* einer geschlechtersensiblen Betrachtung von Politik, wurden bereits Ansätze einer gleichstellungsorientierten Politik für den Haushalt entwickelt, das so genannte *Gender Budgeting*. Unter diesem Begriff wird allgemein eine breite Analyse des Mitteleinsatzes in öffentlichen Haushalten hinsichtlich der Auswirkungen auf die Geschlechterverhältnisse, daraus resultierende Zielvorstellungen sowie deren Controlling in der Umsetzung verstanden.

Im Rahmen der Analyse werden verschiedene Aspekte untersucht, die sich in einigen Schlüsselfragen zusammenfassen lassen, u.a.:

- Welche Einnahmen und Ausgaben betreffen bestimmte Gruppen stärker oder weniger?
- Wie wirken sich Einsparungen und Ausgabenerhöhungen geschlechtsspezifisch aus?
- Wie stellt sich das Nutzungsverhalten von kommunalen Angeboten wie z.B. Bibliotheken dar?
- Wie wirkt die Haushaltspolitik kurz- und langfristig auf die geschlechterspezifische Verteilung von Ressourcen?
- Wie beeinflusst die Haushaltspolitik die Geschlechterrollen?

Nicht nur mit Blick auf den Bürgerhaushalt geht es hierbei auch um eine geschlechterspezifische Darstellung und Erklärung des Haushaltes.

Die doppische Haushaltssystematik bietet durch die Ziel- und Kennzahlendefinition neue Möglichkeiten, diesem Ansatz zu folgen. Insbesondere können nach einem Analyseprozess Ziele bestimmt und diese mit Kennzahlen untersetzt werden. Dies kann z.B. bedeuten, dass Angebote, die stärker von Frauen und Mädchen genutzt werden und die im Gesamthaushalt finanziell und qualitativ schlechter ausgestattet sind, zukünftig intensiver zu unterstützen (mit zusätzlichen Mitteln oder qualifiziertem Personal).

Um einem Missverständnis vorzubeugen: Beim Gender Budgeting geht es nicht darum, dass alle Angebote paritätisch von Männern und Frauen genutzt werden sollen. Dies drückt sich häufig in Argumenten wie »Wir können die Mädchen doch nicht zum Fußballtraining zwingen!?« aus. Es geht vielmehr darum, einerseits Angebote qualitativ so zu unterbreiten, dass sie auch für das jeweils andere Geschlecht interessanter werden, und andererseits in der Gesamtbetrachtung des Haushalts eine Ausgewogenheit der Auswirkungen auf die Geschlechterverhältnisse anzuvisieren.

Das Gender Budgeting steckt sicherlich noch in den Kinderschuhen und ein umfassendes Bewusstsein hierfür muss sich erst in Verwaltung und Politik entwickeln. Insbesondere in größeren Kommunen wurden Gender Budgeting-Prozesse zum Teil bereits gestartet. Gleichzeitig sollte nicht unbeachtet bleiben, dass es auch Kritik, häufig an der Umsetzung der spezifischen Prozesse, gibt. Die betrifft bereits den Ansatz: So ist im linken Spektrum der Begriff *Gender*, die Annahme eines sozialen Geschlechts, umstritten.

Politische Ziele und Steuerung sicherstellen

Auch nach der Definition eines Leitbildes und von strategischen Zielen bleibt es die Aufgabe der Kommunalpolitik, die Definition der einzelnen operationalen Ziele zu begleiten und ggf. auch zu verändern. Die neuen Instrumente der Verwaltungssteuerung eröffnen im Hinblick auf die Vielschichtigkeit des Haushaltes aber jedenfalls faktisch nur dann die Möglichkeit zur tatsächlichen Haushaltssteuerung, wenn ausgehend von einem Leitbild die Verwaltung in die Pflicht genommen wird, auf dieser Grundlage den Haushaltes auszurichten und hierdurch eine strategische Entwicklungstendenz einzuleiten.

Hierbei ist zu beachten, dass gerade die unendliche Vielfalt von konkreten Zielsetzungen einzelner Leistungsprozesse die Möglichkeit der politischen Steuerung in alle denkbaren politischen Richtungen eröffnet. Während linke Kommunalpolitik im Kontext der Einbürgerungen z.B. im Rahmen von operationalen Zielen die Verkürzung von durchschnittlichen Verfahrensdauern einfordern könnte, ist durchaus auch der gegenteilige Ansatz denkbar, indem z.B. auf dem Weg des operationalen Zieles die durchschnittliche Dauer des Aufenthaltes von AsylbewerberInnen nach Ablehnung ihres Antrages in Deutschland verkürzt werden soll. Anstatt bestimmte niedrige Betreuungsschlüssel in kommunalen Kitas anzustreben, könnte auch die Haushaltskonsolidierung als Zielmaßgabe definiert und daraus abgeleitet bestimmte Kostendeckungsgrade im Verhältnis von eingesetztem Personal zur angebotenen Leistung angestrebt werden. Höhere Kosten oder größere Gruppen mit insgesamt weniger Personal in Kitas oder Musikschulen könnten dann die Folgen und Ergebnisse der politischen Steuerung sein. Die Kennzahlen zur Zielerreichung bieten außerdem eine gute Basis für interkommunalen Vergleich.

Beispiel: Auch hier ist darauf zu achten, dass der Fokus auf die Qualität der Arbeit gelegt wird und die Kennzahlen keinen Wettbewerb zwischen den Kommunen entfacht, der dann Druck auf die Beschäftigten entfaltet – z.B. hinsichtlich der »Effizienz« von GebäudereinigerInnen. Hier sieht man wieder: Die Systematik ist weitestgehend neutral. Es kommt darauf an, mit welchem Leben und politischem Geist sie gefüllt werden.

Mit der Doppik gehen neue Wege der politischen Steuerung des Haushaltes und einer strategischen Ausrichtung der Stadtentwicklung einher. Diese Instrumente sollten mutig aufgegriffen werden. Hierbei gilt es bei der qualitätsorientierten Weiterentwicklung kommunaler Leistungen und Angeboten Schwerpunkte zu setzen. Ansätzen allerding, die die Instrumente vor allem zur Durchsetzung einer abstrakt betriebswirtschaftlichen Kosten-Nutzen-Analyse verwenden wollen, sollte man sich konsequent entgegenstellen!

4.2 Beteiligungs- bzw. Bürgerhaushalte

Linke Politik sollte grundsätzlich mehr sein als StellvertreterInnen-Politik. Repräsentation durch gewählte Vertreterinnen und Vertreter ist sicher notwendig und nicht per se schlecht. Schließlich kann aus faktischen Gründen nicht jede Entscheidung in Politik und Verwaltung durch Volksentscheide herbeigeführt werden. Das würde die Partizipationsbereitschaft der Bürgerinnen und Bürger sicher überstrapazieren. In den zentralen gesellschaftsrelevanten Bereichen die Mitwirkung der Bürgerinnen und Bürger zu suchen und damit Demokratie über die Stimmabgabe hinaus für Vertreterinnen und Vertreter alle paar Jahre zu definieren, sollte moderne linke Politik auszeichnen.

Wer diesen Ansatz pflegt und BürgerInnenbeteiligung sucht, kommt an Haushaltsfragen als Gegenstand von Partizipation und Mitentscheidung nicht vorbei. Schon der französische Kardinal und Staatsmann Richelieu (1585-1642) wusste: *»Der Haushalt ist der Nerv des Staates.«* Das stimmt bis heute. Im Haushalt werden die Prioritäten für die kommende Zeit gesetzt. Hier werden die Pflöcke für bestimmte Großprojekte eingeschlagen und hier wird entschieden, wie die soziale Infrastruktur in Gestalt von Beratungsangeboten, ehrenamtlichen Strukturen und sozialen Initiativen gefördert wird. Will man Partizipation und direkte Mitwirkung auch jenseits von Wahlen ermöglichen, muss (nicht nur) auf kommunaler Ebene die Weichenstellung des Haushaltes in den Fokus von direkter Demokratie rücken. Wer die Haushaltspolitik von Partizipation und Mitbestimmung ausnimmt, muss im Zweifel engagierte BürgerInneninitiativen mit ihren konkreten Anliegen unter schlichtem Hinweis auf fehlende Finanzierungsmöglichkeiten abblocken, was linker Politik schlecht zu Gesicht steht. Gerade die Beteiligung der Bürgerinnen und Bürger in Haushaltsfragen eröffnet damit die Möglichkeiten zu wirklich umfassender Mitbestimmung.

In vielen Fällen dürfte die Begrenzung von Mitwirkung auf wenige ausgewählte Bereiche und die Ausnahme gerade der Haushaltsfrage politisch gewollt sein. Schon früher war Bürgerbeteiligung und Transparenz nicht gerade eine verlockende Vorstellung. Richelieus Satz hat eine Fortsetzung, die leider ebenfalls noch heute von vielen KommunalpolitikerInnen unterschrieben werden dürfte: *»Der Haushalt ist der Nerv des Staates. Deshalb muss er vor den profanen Augen der Untertanen verborgen bleiben.«*

Häufig sieht etablierte Politik in BürgerInnenbeteiligung und Partizipation eine Bedrohung und Gefahr für die eigene Souveranität – und vermutlich zu Recht. So ist in der Tat häufig unklar, ob die Entscheidungen politischer MandatsträgerInnen der Mehrheitsmeinung in der Bevölkerung entsprechen. Die Beispiele Mindestlöhne, Rente mit 67 oder Afghanistan-Krieg sprechen hier Bände.

Direkte Demokratie und BürgerInnenbeteiligung können als Korrektiv für politische Fehlenwicklungen dienen. Allerdings ist keinesfalls klar, dass direkte Demokratie stets linke Ergebnisse bringt. Ein taktischer Ansatz, wonach eigene politische Projekte besser durchzusetzen sind, sollte aber auch nicht der entscheidende Maßstab beim Einsatz für direkte Demokratie sein. Bei der direkten Demokratie geht es insbesondere um eine andere politische Kultur. Es geht darum, ein Klima zu schaffen, in dem gesellschaftliche Debatten lebhaft mit dem Mut zu Pluralität und Kontroverse ausgetragen werden. Es geht darum, Entscheidungen und Entscheidungsfindungen aus den Hinterzimmern zu holen und Menschen, die vielerorts die gesellschaftlichen Entwicklungen passiv-lethargisch begleiten (müssen), einen Raum zur Partizipation zu eröffnen, bei denen sich jede und jeder einbringen kann – wo jede Stimme gehört wird.

Gerade am Beispiel des rot-rot regierten Landes Berlin sieht man, dass die Eröffnung von Beteiligungsmöglichkeiten (durch die deutliche Senkung von notwendigen Quoren für Volksbegehren und Volksentscheide) ein offeneres und politischeres Klima in der Gesellschaft erzeugen kann. Die spannenden Volksentscheide z.B. zum Flughafen Tempelhof oder wohl noch stärker beim Thema Religions- bzw. Ethikunterricht belegen, wie die Öffnung für direkte Demokratie Raum für eine neue politische Kultur eröffnen kann.

In diesem Sinne ist Bürgerbeteiligung als Chance und Bereicherung politischer Kultur zu betrachten. Und diese Chance wäre vertan bzw. weniger als halbherzig genutzt, wenn der Haushalt bei Partizipationsansätzen außen vor gelassen würde.

Porto Alegre: das Projekt Beteiligungs- oder Bürgerhaushalt

Das Referenzprojekt für direkte Demokratie in Sachen Haushaltspolitik ist der Beteiligungshaushalt in Porto Alegre. Unter der lokalen Verantwortung der Arbeiterpartei (PT) wurde hier bereits in Ende der 1980er Jahre die kommunale Prioritätensetzung in Gestalt des Haushaltes für die verantwortliche Mitbestimmung der Bevölkerung geöffnet. Auf lokalen und fachspezifischen Versammlungen wird bis heute über die kommunalpolitischen Notwendigkeiten diskutiert. Von diesen Foren ausgehend wird über Delegierte ein von unten wachsendes gesamtstädtisches Meinungsbild über die haushaltspolitischen Erfordernisse ermittelt. In die »Haushaltsberatungen« schalteten sich mehr und mehr Bürgerinnen und Bürger der Stadt ein (aktuell sind es durchschnittlich 30.000 pro Jahr) und sorgten so dafür, dass die kommunalen Ressourcen bedürfnisorientiert eingesetzt wurden. Die Folge dieses partizipativen Ansatzes war innerhalb kurzer Zeit eine massive Verbesserung der sozialen Lage durch klare Schwerpunktsetzung in zentralen sozialen Bereichen wie Bildung, Wasserversorgung etc. Die UNO hob das Engagement Porto Alegres auf diesem Gebiet als weltweit vorbildhaft hervor.

Das Projekt hat zahlreiche Nachahmerinnen und Nachahmer in aller Welt gefunden. Auch in Deutschland ist der → *»Bürgerhaushalt«* mittlerweile ein geflügeltes Wort. Dabei handelt es sich nicht immer und nicht nur um ein linkes Projekt. Der Umstand, dass das Innenministerium von Nordrhein-Westfalen damals noch unter Ministerpräsident Wolfgang Clement in Kooperation mit der Bertelsmann-Stiftung (!) ein Modellprojekt für Bürgerhaushalte auf die Schiene setzte, sollte Grund genug sein, nicht bei jedem unter dem Titel »Bürgerhaushalt« laufenden Projekt in Jubelstürme auszubrechen.

Die Spreu trennt sich vom Weizen bei der Herangehensweise an das Vorhaben. Wird ein Bürgerhaushalt lediglich als Instrument genutzt, der Bürgerschaft die fehlenden Spielräume für kommunale Akzente zu »vermitteln« und auf diese Weise umfangreiche Sparvorhaben als alternativlos darzustellen, so geht es letztlich nicht um die Eröffnung von Teilhabe an Entscheidungsprozessen. Vielmehr dient das »Bürgerhaushalt«-Verfahren dann lediglich dazu, Widerstand gegen Sparorgien zu ersticken und Resignation im Hinblick auf ausbleibende Handlungsspielräume bzw. Alternativen hervorzurufen.

Notwendige Verfahrensschritte eines Beteiligungshaushaltes

Ein partizipativer Haushalt darf aus den gerade genannten Gründen nicht bei der bloßen *Information* über die kommunalen Begebenheiten stehen bleiben. Sie ist gleichwohl der erste notwendige Schritt, um darauf aufbauend Beteiligung zu ermöglichen. Mit der auch für Laien lesbaren Aufbereitung des Haushaltes, seiner Schwerpunkte und der Ausgestaltung beginnt daher ein partizipativer Haushalt.

Der Information muss sich ein Verfahren anschließen, das *Beteiligungs- und Mitwirkungsmöglichkeiten* über die konkrete Haushaltsausgestaltung eröffnet. Hierbei ist wichtig, dass das Gegenteil einer Legitimation von Sparvorhaben nicht das Verteilen von Wohltaten sein muss. Wer es mit BürgerInnen-Beteiligung ernst meint, darf diese nicht als Schön-Wetter-Beteiligung verstehen. Die Diskussion über die kommunale Prioritätensetzung setzt zwangsläufig auch eine Gewichtung von Vorhaben und Ansätzen voraus. Auch der Umgang mit Haushaltskrisen und die Setzung von Prioritäten kann und muss Gegenstand von Partizipation sein. Dies eröffnet nicht zuletzt die Möglichkeit, in Diskussionen die Ursachen der kommunalen Finanznot aufzudecken.

Eine davon liegt in der neoliberalen Steuerpolitik der Regierenden. Mit Steuergeschenken an Spitzenverdiener und Großkonzerne wurden die öffentlichen Kassen, nicht zuletzt bei den Kommunen, in den letzten Jahren über die eh schon vorhandene strukturelle Schieflage der Staatsfinanzen hinaus systematisch geplündert. Diese Erkenntnis ist der Ausgangspunkt für einen von unten getragenen gesellschaftlichen und politischen Kurswechsel. Vor diesem Hintergrund ist nicht die Bürgerbeteiligung in kommunalen Haushaltskrisenzeiten problematisch, sondern ihre politisch-strategische Verkürzung auf die Legitimation von Kommunalpolitik, die als Erfüllungsgehilfe neoliberaler Politik die leeren Kassen mit Privatisierung und dem Zerschlagen kommunaler Infrastruktur beantwortet.

Dem Unterbreiten von Vorschlägen aus der Bürgerschaft sowohl für zusätzlichen Bedarf als auch für Sparoptionen muss sich ein *Berichtswesen und die Rechenschaftslegung* aus Politik und Verwaltung anschließen. Wenn Bürgerinnen und Bürger sich für ihre Kommune einbringen und kreative Vorschläge entwickeln, so muss dieser Initiative Resonanz folgen. Es muss dargelegt werden, wie mit den Vorschlägen umgegangen wurde. Was folgte hieraus? Wurden die Vorschläge umgesetzt bzw. warum nicht? Diese Rückkopplung ist nötig, um Transparenz über den Umgang mit den Initiativen zu schaffen. Der politische Wille, kreative bürgerschaftliche Vorschläge auch tatsächlich ernst zu nehmen, muss in einem solchen Berichtswesen zum Ausdruck kommen. Wer BürgerInneninitiative zwar verlangt und erbittet, die Vorschläge aber möglichst geräuschlos im Sande verlaufen lässt, darf sich über ausbleibendes Engagement in der Folge nicht wundern.

Konkrete Umsetzung – worauf ist zu achten?

Das Verfahren für den kommunalen Beteiligungshaushalt gibt es nicht. Die geeignete Form muss in jeder Stadt mit Blick auf die jeweiligen Eigenheiten entwickelt werden. Hierbei sollte bereits das Verfahren selbst Gegenstand einer offenen Diskussion mit Vereinen, Verbänden und sozialen Initiativen sein. Eine lediglich kommunalpolitisch besetzte Arbeitsgruppe würde dem partizipativen Gesamtansatz zuwiderlaufen. Auch wenn es *ein* Beteiligungshaushalts-Modell, das ohne Weiteres auf alle Kommunen zu übertragen ist, nicht geben kann, so muss doch das Rad nicht in jeder Stadt neu erfunden werden. In vielen Kommunen gibt es mittlerweile konkrete Erfahrungen mit Bürger- und Beteiligungshaushalten, von denen man für die eigenen Verhältnisse vor Ort lernen kann.

Der Kern des Beteiligungshaushaltes stellt das unmittelbare Mitwirkungsverfahren dar. Hierbei sind die Strukturen so zu schaffen, dass das Einreichen konkreter Vorschläge deutlich erwünscht und auch für kommunalpolitisch weniger Bewanderte möglich ist. In der Praxis wird beim Bürgerhaushalt z.T. auf ein mehrstufiges Beteiligungsverfahren gesetzt, z.B. in dem von einer linken Bürgermeisterin regierten Berliner Bezirk Lichtenberg oder aber auch in der Stadt Köln. An erster Stelle steht das Sammeln von konkreten Vorschlägen für Investitionen, Maßnahmen etc. Die einzelnen Vorschläge stehen zur Diskussion und werden durch Abstimmung in eine prioritäre Reihenfolge gestellt. Die am stärksten unterstützten Vorhaben werden dem Rat zugetragen und sollten von diesem übernommen werden.

Wichtig: Die kommunale Vertretungskörperschaft behält den Hut auf! Das war im Übrigen auch schon in Porto Alegre so. Die Gemeindeordnungen geben verbindlich vor, wer den Haushalt zu erlassen hat. Das sind die Räte. Ein kommunal aufgelegtes Beteiligungshaushaltsverfahren kann diese Souveränität des Rates nicht aus der Hand geben. Aber ein klar artikulierter Wille der Bürgerinnen und Bürger darf nicht ohne Wirkung bleiben, wenn die Begriffe »Partizipation« und »BürgerInnenbeteiligung« durch die Politik ernst genommen werden.

Das »Aussieben« von bürgerschaftlichen Vorschlägen, bis eine Hitliste der beliebsteten Anregungen herausgefiltert wurde, ist nur eine mögliche Ausgestaltung eines Beteiligungsverfahrens. Ebenso ist es vorstellbar, dass die Kommune selbst bestimmte Investitionsalternativen darstellt und zur Abstimmung stellt. Denkbar wäre auch eine Diskussion über die Prioritätensetzung innerhalb des Haushaltes hinsichtlich bestimmter Produktbereiche. So könnte von den Teilnehmerinnen und Teilnehmern des Beteiligungsverfahrens diskutiert und entschieden werden, ob die Stadt eine Priorität im Produktbereich Schulträgeraufgaben, im Produktbereich Sportförderung oder im Produktbereich Wirtschaft und Tourismus setzt. Die Hierarchisierung der Produktbereiche könnte zur Folge haben, dass für den Bereich mit der höchsten Priorität zusätzliche Ressourcen- oder Investitionen bereitgestellt werden, was auf Kosten des am wenigsten hervorgehobenen Bereiches geschehen könnte. Die Bürgerinnen und Bürger könnten darüber abstimmen, ob ein bestimmtes Investitionsvolumen eher in Schulen, Wirtschaftsförderung, Wohnungsbau oder den ÖPNV investiert wird. Wichtig ist hierbei, dass die Stadt durch ihre Informationspolitik die Auswirkungen der jeweiligen Alternativen möglichst transparent darstellt.

Achtung: Ein Problem von Beteiligungsverfahren kann darin bestehen, dass Dinge alternativ dargestellt werden, obwohl dies eigentlich nicht sachgerecht ist. Schließlich ist nicht einzusehen, warum alternativ zwischen der notwendigen Sanierung von Schulen und dem kommunalen Wohnungsbau entschieden werden muss. Leere Kassen drängen solche Pseudo-Alternativen aber häufig auf. Gerade linke Kommunalpolitik ist nicht nur im Kontext von Beteiligungsverfahren gut beraten, sich den bestehenden Handlungsspielräumen auf der jeweiligen politischen Ebene nicht zu verweigern und sie ernst zu nehmen. Wenn dabei aber die Kritik an den grundsätzlichen Ursachen der Probleme außer Acht gelassen wird (Stichwort neoliberale Steuerpolitik), droht leicht das profillose Verblassen in vermeintlichen Sachzwängen.

Das konkrete Beteiligungsverfahren wird mittlerweile in vielen Kommunen, die auf einen Beteiligungshaushalt setzen, über das *Internet* durchgeführt, in Köln läuft das Verfahren vornehmlich hierüber. In drei Sachkategorien werden Vorschläge gesammelt, die man nach einer Registrierung im Internet einbringen kann. Diese Vorschläge werden diskutiert und mit »Pro« oder »Contra« bewertet. Am Ende werden die 100 am besten bewerteten Vorschläge in den Rat eingebracht und diesem zum Entscheidung vorgelegt. Online wird dazu ausgeführt, dass im Kontext der Vorschläge rund acht Millionen € im Kölner Haushalt zusätzlich vorgesehen und investiert wurden.

Gegen eine starke Einbindung des Internets in ein Beteiligungsverfahren ist nichts einzuwenden. Das Internet stellt ein wichtiges Medium für eine flexible und unbürokratische Beteiligung dar. Es ist aber darauf zu achten, dass das Beteiligungsverfahren nicht bestimmte gesellschaftliche Gruppen ausgrenzt. Ein Beteiligungshaushalt lebt von der Partizipation aller relevanten Gruppen der Bevölkerung. Eine eindimensionale Fokussierung auf das Internet kann zu sozialer und altersmäßiger Ausgrenzung führen. Neben einem internetgestützten Angebot sollten daher auch dezentrale BürgerInnen-Versammlungen zum Beteiligungshaushaltsverfahren stattfinden, die offensiv zu bewerben und anzukündigen sind. Spezielle Ansprachen für Stadtteile mit hohem Migrationsanteil oder soziale Brennpunkte sollten bei der Entwicklung einer Beteiligungsstrategie berücksichtigt werden. In Berlin-Lichtenberg wird eine Beteiligung nach dem Querschnitt der Bezirks-Bevölkerung übrigens u.a. dadurch zu gewährleisten versucht, dass die über das Internet oder auf Versammlungen erhobenen Vorschläge immerhin 25.000 Bürgerinnen und Bürgern, und damit einer durchaus repräsentativen Zahl der Bezirksbevölkerung, auf traditionellem Postweg zur Bewertung zugestellt werden.

Infos zu Berlin-Lichtenberg: www.buergerhaushalt-lichtenberg.de

5. Für die Haushaltsberatungen gilt: Mut zu Prioritäten!

Auch für Neulinge in den Kommunalvertretungen kommt es irgendwann zum Schwur. Die ersten Haushaltsberatungen stehen an. Wenn der Haushaltsentwurf vorliegt, sollte man sich nicht von der schlichten Masse und zunächst verwirrenden Informationen entmutigen lassen. In der Regel ist alles halb so kompliziert, wie es auf den ersten Blick scheint.

Für die Vorberatung der eigenen, internen Haushaltsberatungen sollte man sich zunächst Rat und Erläuterung suchen. Hier hilft in der Regel die Verwaltung selbst. Die Kämmerereien sollten jedenfalls Fraktionen grundsätzlich für eine Einführung und Erläuterung des Haushaltes zur Verfügung stehen. Dieses Angebot sollte man in Anspruch nehmen und auch im Verlauf der Bearbeitung sowie der Beratung in den Fachgremien auf die Verwaltungsfachstellen zurückkommen, wenn Fragen auftauchen.

Intern gilt es sich ebenfalls richtig aufzustellen. Nicht eine Person kann den Haushalt alleine durchforsten. Am besten – orientiert an der Besetzung der Fachausschüsse – gilt es, den Haushalt untereinander aufzuteilen. Mehrere Abschnittsverantwortliche sollen jeweils einen bestimmten Haushaltsteil untersuchen und auf einer folgenden Fraktionsklausur sollten dann die einzelnen Berichte und Wertungen zusammengetragen werden.

Auf dieser Grundlage können dann gemeinsam Änderungsanträge und eigene Initiativen beraten werden. Darüber hinaus können MandatsträgerInnen auch in diesem Rahmen Partizipation leben: Aktive Menschen aus dem linken Umfeld, nahestehende Bündnisse und Vereine sollten mit ihrem fachlichen Wissen und mit ihrer z.T. jahrelangen kommunalpolitischen Erfahrung in die internen Beratungen mit einbezogen werden, auch wenn sie keine MandatsträgerInnen oder Mitglieder einer Partei sind. Hieraus können sich weitere Anträge und Initiativen ergeben. Eine solche Arbeitsteilung ist nicht nur, aber gerade auch für MandatsträgerInnen, die allein im Rat sitzen, sinnvoll.

Die Herangehensweise an das konkrete Haushaltsdokument dürfte sich je nach den örtlichen Zusammenhängen unterscheiden. Grundsätzlich wichtige Punkte, auf die man achten sollte sind aber:

- *Großprojekte* ausfindig machen und politisch bewerten! Im Finanzhaushalt werden die investiven Maßnahmen dargestellt. Hier sind kostenintensive Einzelmaßnahmen ausfindig zu machen. Diese sind (nicht zwingend) ein Politikum. Großprojekte wie Opern, Festspielhäuser oder Rathaus-Neubauten sind häufig Gegenstand kontroverser Diskussionen im Hinblick auf die geringen kommunalen Mittel. Beantragt werden kann in aller Regel, sofern es der Haushalt nicht eh vorsieht, die Einzelauflistung aller Investitionsvorhaben der Kommune ab einer bestimmten Größenordung.

- Jenseits der Frage der politischen Notwendigkeit bestimmter (Groß-)Projekte, sollte das *Verhältnis* von kommunalen *Investitionen* zu den *Abschreibungen* (Wertverlust des bestehenden Vermögens) ermittelt und bewertet werden. Soll die kommunale Vermögenssubstanz erhalten bleiben, sollten die Gesamt-Investitionen in die Infrastruktur jedenfalls dem Saldo der Abschreibungen entsprechen.
- Nicht unproblematisch sind die Budgets, die in der Doppik einen neuen, herausgehobenen Stellenwert erhalten. Hier sind die Ansätze innerhalb eines *Budgets* (häufig in Gestalt der Teilhaushalte, aber ggf. auch darüber hinausgehend) gegenseitig deckungsfähig. Die konkreten Ansätze in einem Teilhaushalt können also zu Gunsten oder Lasten eines anderen Ansatzes verändert werden, sofern die Gesamtdeckung im Budget eingehalten wird. Positiv ist hierbei die Flexibilität für die Verwaltung. Negativ ist die fehlende Verbindlichkeit bestimmter politisch gewollter Ansätze. Die Budgets sollten deshalb in ihrer Zusammensetzung unter die Lupe genommen werden. Sinnvoll ist eine Übersicht der Budgets – diese kann, sofern nicht vorhanden, beantragt oder erfragt werden. Für den Umgang mit Budgets können Bewirtschaftungsregeln vereinbart werden – hier kann z.B. festgelegt werden, welche wiederkehrenden Positionen innerhalb eines Budgets nicht deckungsfähig sind. Bestehende Bewirtschaftungsregeln sollten untersucht, bewertet und bei Bedarf geändert werden. Werden solche Regeln nicht vorgelegt, kann dies normalerweise beantragt werden.
- Bei den *Zielen* und *Kennzahlen* für die Haushaltssteuerung sollte nach dem oben ausgeführten eine Gesamtstrategie der systematischen Ausrichtung des Haushaltes auf bestimmte strategische Ziele angestrebt werden. Unabhängig davon, ob eine politische Leitbilddiskussion stattgefunden und tragfähige Ergebnisse gebracht hat, sollten und können einzelne Teilhaushalte oder Produkte in den Fokus der Zieldefinition genommen werden. Die Durchsetzung z.B. eines bestimmten Betreuungsschlüssel in Kitas oder der Musikschule kann konkret über die Vereinbarung eines entsprechenden Zieles zu realisieren versucht werden. Hier wären Anträge an den jeweiligen Fachausschuss bei der Beratung des betreffenden Haushaltsbestandteiles zu stellen.

Ansonsten gilt grundsätzlich: Prioritätensetzung ist angesagt!

Selbst in Ostdeutschland, wo linke MandatsträgerInnen flächendeckend in starken Fraktionen in den Kommunalvertretungen vertreten sind, dürfte dennoch die umfassende, in die Tiefe gehende Haushaltsdurchleuchtung häufig an Grenzen stoßen. Gerade für die häufig sehr kleinen linken Fraktionen oder für die linken AlleinvertreterInnen im Westen gilt im Hinblick auf die eigene Leistungsfähigkeit erst recht, dass der vollständige Haushalt wohl nicht wirklich aufzuarbeiten ist. Hier sollte der Mut aufgebracht werden, nach einer vollständigen Sichtung und Bewertung einige wenige Schwerpunkte herauszufiltern, die der eigenen Prioritätensetzung entsprechen. An diesen mit fundierten Änderungsanträgen anzusetzen, kann erfolgversprechender sein, als die Entwicklung unzähliger kleinteiliger Änderungsanträge. Insbesondere sollte bei aller Zuwendung zur konkreten und unmittelbaren Bedeutung des Haushaltes und seiner Festsetzungen nicht vergessen werden, mit dem kommunalen Agieren auch auf öffentliche Wahrnehmung zu setzen, um so Menschen für eine andere Politik zu gewinnen. Die klare Schwerpunktsetzung durch Fokussierung auf bestimmte, symbolträchtige Hebelstellen in dem Haushaltsentwurf ist gerade für kleine Fraktionen ausgesprochen sinnvoll!

Glossar

Abschreibungen: Ansatz für den Wertverlust eines abnutzbaren Anlagegutes innerhalb einer bestimmten Periode. Die Höhe wird i.d.R. durch Umlage der Anschaffungs- bzw. Herstellungskosten auf die prognostizierte Nutzungsdauer ermittelt. Abschreibungen stellen den Aufwand im Ergebnishaushalt dar.

Aktiva: In der Bilanz auf der Aktivseite (linke Spalte) ausgewiesenes Vermögens. Hier wird dargestellt, wie das kommunale Vermögen eingesetzt ist (Gegenstück: Passiva).

Aufwand: Der Aufwand entspricht dem bewerteten Verbrauch von Gütern und Dienstleistungen der Kommune innerhalb einer Periode. Der Aufwand bildet also den Werteverzehr ab. Aufwand muss nicht immer kassenwirksam sein, also zwingend kommunale Ausgaben darstellen (Gegenstück: Ertrag).

Bilanz: Die Bilanz führt links die sog. Aktiva auf. Hier wird beantwortet, wie das kommunale Vermögen konkret verwendet wird. Auf der Passivseite wird beantwortet, wie diese Vermögenswerte finanziert werden – durch Eigen- oder Fremdkapital. Die Bilanz muss immer zwischen Aktiva und Passiva ausgeglichen sein.

Budget: Budget nennt man die einer Verwaltungseinheit zur Erfüllung ihrer Aufgaben zur Verfügung gestellten Finanzmittel. Innerhalb des Budgets herrscht weitgehende Freiheit bei der Verwendung der Budgetmittel.

Bürgerhaushalt: Hierunter werden landläufig Modelle der Partizipation für die Bevölkerung in Haushaltsfragen verstanden. Dabei gibt es zahlreiche verschiedene Ansätze. Die Kommunen müssen hier das Rad nicht jedes Mal neu erfinden, sollten aber, auf die örtlichen Begebenheiten abgestimmt, einen eigenen Partizipationsansatz finden.

Doppik: Doppik ist ein Kunstwort, das sich aus der Formulierung »Doppelte Buchführung In Konten« ableitet. Hierunter wird ein Rechnungswesen verstanden, dass in Anlehnung an die betriebswirtschaftliche Rechnungslegung die Auswirkungen von Geschäftsvorfällen auf die Vermögenslage und Vermögenssituation umfassend erfasst und darstellt.

Eigenkapital: Das Eigenkapital wird auf der Passivseite der Bilanz ausgewiesen. Es beziffert den Teil des kommunalen Vermögens, der nicht durch Verbindlichkeiten finanziert wurde. Die Höhe des Eigenkapitals ergibt sich aus der Differenz des Gesamtvermögens (Saldo der Aktiva) mit der Summe der Verbindlichkeiten. Das Eigenkapital stellt keine liquide Vermögenssumme dar, sondern drückt die Finanzierungsstruktur des kommunalen Vermögens aus.

Ergebnishaushalt: Der Ergebnishaushalt ist einer der drei Haushaltskomponenten in der Doppik. Hier werden wir in der Gewinn- und Verlustrechnung Erträge und Aufwendungen einer Kommunalverwaltung für eine Rechnungsperiode gegenübergestellt. Der Saldo ergibt den Jahresüberschuss oder -fehlbetrag. Ein Jahresüberschuss erhöht und ein Jahresfehlbetrag vermindert das Eigenkapital.

Eröffnungsbilanz: Die erstmalige Aufstellung einer Bilanz wird Eröffnungsbilanz oder auch Gründungsbilanz genannt. Für Kommunen bildet die Eröffnungsbilanz den Ausgangspunkt für das neue doppische Haushalts- und Rechnungswesen. Danach ist die Bilanz jeweils Teil des Jahresabschlusses.

Ertrag: Der Begriff Ertrag bezeichnet allgemein den Wertzugang in einer Periode. Sein Gegenbegriff ist der Aufwand. Ebenso wie der Aufwand von Ausgaben zu unterscheiden ist, unterscheidet sich der Ertrag von Einnahmen. Der Ertrag entspricht dem Wertezuwachs innerhalb einer Periode und führt zu einer Eigenkapitalerhöhung.

Finanzhaushalt: Im neuen kommunalen Haushalts- und Rechnungswesen stellen Finanzplan und Finanzrechnung (Finanzhaushalt) neben dem Ergebnishaushalt und der Bilanz die dritte Komponente dar. Dabei erfasst der neue Finanzhaushalt alle Einzahlungen und Auszahlungen.

Gemeindeordnung: Die Gemeindeordnung ist ein Landesgesetz, das die maßgeblichen Rechtsgrundlagen für die Städte und Gemeinden im Land schafft.

Haushaltsplan: Der Haushaltsplan ist die für die Verwaltung der Gemeinde maßgebende produktorientierte Zusammenstellung der im Haushaltsjahr zu erbringenden Leistungen und der hierfür veranschlagten (Doppik) Erträge und Aufwendungen (Ergebnisplan) sowie Einzahlungen und Auszahlungen (Finanzplan).

Haushaltssatzung: Die Haushaltssatzung dient dem Zweck, die Festsetzungen des Haushaltsplanes in eine rechtsverbindliche Form zu bringen. Hier werden die zentralen Werte des Haushaltsplanes dargestellt.

Jahresabschluss: Der Jahresabschluss ist das Gegenstück zum Haushaltsplan. Während der Haushaltsplan das auf die Zukunft gerichtete Programm darstellt, soll der Jahresabschluss nach Ablauf des Haushaltsjahres Rechenschaft ablegen über die tatsächliche Entwicklung. In der Doppik ist die Bilanz Teil des Jahresabschlusses.

Kalkulatorische Kosten: Kalkulatorische Kosten sind solche, denen kein Aufwand gegenübersteht (z.B. kalkulatorische Mieten, Zinsen, Abschreibungen). Sie werden insbesondere für die Zwecke der Kosten- und Leistungsrechnung ermittelt, um z.B. beim unentgeltlichen Nutzen von Räumen, Krediten und Anlagegütern die damit verbundene Kostenwirkung zu fingieren.

Kameralistik: Unter dieser Begrifflichkeit wird das viele Jahre in den Kommunen praktizierte Haushaltswesen verstanden (von lateinisch kamera = Schatzkammer abgeleitet). Hier wurde eine bloße Einnahmen- und Ausgabenplanung betrieben. Als erweiterte Kameralisitik wird eine Alternative zur Doppik bezeichnet, die auch den Werteverzehr an kommunalen Vermögen wiedergeben soll. Einige Bundesländer eröffnen dahingehend ein Wahlrecht.

Kommunalaufsicht: Die Kommunen sind an Recht und Gesetz gebunden. Hierüber wacht die Kommunalaufsicht. Sie kann eine Rechtsaufsicht ausüben oder auch eine sog. Fachaufsicht, die Möglichkeiten auch der Zweckmäßigkeitskontrolle kommunalen Handels eröffnet.

Konnexitätsprinzip: Mit dem Konnexitätsprinzip wird ein Grundsatz bezeichnet, dass ein Verursacher für entstandene Kosten aufzukommen hat. Die Landesverfassungen sehen mittlerweile flächendeckend Regelungen vor, die jedenfalls im Grundsatz das Land verpflichten, für Aufgabenzuweisungen an die Kommunen auch die entsprechende Gegenfinanzierung sicherzustellen.

Kosten- und Leistungsrechnung (KLR): Die KLR stellt ein Teilgebiet des kaufmännischen Rechnungswesens (»internes« Rechnungswesen) dar, in dem Kosten und Leistungen erfasst, gespeichert, den verschiedensten Bezugsgrößen zugeordnet und für spezielle Zwecke ausgewertet werden. Die KLR gliedert sich in die Kostenarten- (WAS?), die Kostenstellen- (WO?) und die Kostenträger- (WOFÜR?)-Rechnung.

Produkte: Grundlage des doppischen Haushaltes sind die Produkte. Hierunter sind Leistungen oder Leistungsprozesse der Kommune zu verstehen. Auf den Produkten baut der doppische Haushalt auf. Produkte sind in Produktgruppen und diese in Produktbereiche zusammengefasst. Produktorientierung bedeutet die Orientierung an Zielen (des Verwaltungshandelns).

Rechnungsabgrenzungsposten (RAP): Rechnungsabgrenzungsposten dienen der zutreffenden Ermittlung des Periodengewinns, indem Aufwendungen und Erträge dem Wirtschaftsjahr zugeordnet werden, durch das sie – wirtschaftlich betrachtet – verursacht sind. RAP auf der Aktivseite der Bilanz weisen Ausgaben vor dem Abschlussstichtag aus, die Aufwand für eine bestimmte Zeit nach diesem Tag darstellen. RAP auf der Passivseite sind Einnahmen vor dem Abschlussstichtag, die Erträge für eine bestimmte Zeit nach diesem Tag darstellen. Typische Geschäftsvorfälle, die zur Bildung von Rechnungsabgrenzungen führen, sind Vorauszahlungen für Miete, Pacht und Versicherungen.

Rückstellungen: Rückstellungen sind solche Verbindlichkeiten, die hinsichtlich ihrer Entstehung oder Höhe ungewiss sind. Nach dem Ressourcenverbrauchskonzept und dem Prinzip der intergenerativen Gerechtigkeit müssen auch solche Ausgaben als Aufwand veranschlagt werden, die zwar erst in späteren Perioden anfallen, aber in der laufenden Periode verursacht werden – z.B. Pensionen für Beamtinnen und Beamte. Nicht zu verwechseln sind Rückstellungen mit Rücklagen, da Rückstellungen keine liquiden Mittel darstellen.

Überschuldung: Die Überschuldung ist in der Doppik ein Rechtsbegriff. Sie ist dann gegeben, wenn die Summe der Verbindlichkeiten die der Vermögenswerte übersteigt, wenn die Kommune also einen nicht durch Eigenkapital gedeckten Fehlbetrag auf der Passiv-Seite der Bilanz ausweisen muss.

Literatur und Links

Zur kommunalen Haushaltsreform sind bereits einige Bücher erschienen. Die meisten stellen die Reform politisch neutral bzw. mit einem betriebswirtschaftlichen Fokus dar. Zu nennen ist hier beispielsweise:

Philipp Häfner: *Doppelte Buchführung für Kommunen – Grundlagen des doppischen Haushaltswesens,* Haufe Verlag, Freiburg 2009.

Jüngst hat auch das Kommunalpolitische Forum Sachsen e.V. ein entsprechendes Buch zum Thema herausgegeben, das gewiss einen deutlicheren politischen Charakter aufweist, allerdings spezifisch auf Sachsen bezogen ist:

Alexander Thomas: *Kommunales Haushaltsrecht – von der Kameralistik zur Doppik*, Kommunalpolitisches Forum Sachsen e.V., Dresden 2009.

Darüber hinaus sei zum Bürgerhaushalt auf folgende Publikationen verwiesen:

Petra Brangsch und Lutz Brangsch: *Weshalb? Wieso? Warum? Argumente für den Bürgerhaushalt*, Kommunalpolitisches Forum e.V., Berlin 2009.

Patrick Pritscha: *Was ist ein Bürgerhaushalt und wie entsteht er?* Ein Leitfaden zur Erarbeitung von Bürgerhaushalten, Kommunalpolitisches Forum Sachsen e.V., Dresden 2009.

Carsten Herzberg: *Von der Bürger- zur Solidarkommune. Lokale Demokratie in Zeiten der Globalisierung*, VSA: Verlag, Hamburg 2009.

Yves Sintomer/Carsten Herzberg/Anja Röcke: *Der Bürgerhaushalt in Europa – eine realistische Utopie? Zwischen Partizipativer Demokratie, Verwaltungsmodernisierung und sozialer Gerechtigkeit*, VS Verlag, Wiesbaden 2010.

Wichtig ist auch das Internet. Hier können zahlreiche Erfahrungsberichte und Hintergrundinformationen abgerufen werden:

Zum Beispiel findet man auf *http://www.haushaltssteuerung.de/* zahlreiche Neuigkeiten zum Stand der Umsetzung von Doppik, Erfahrungsberichte und Links zu Rechtsvorschriften.

Gesetzliche und verordnungsrechtliche Grundlagen sind in der Regel auf den Internetseiten der *Innenministerien* der Länder abrufbar.

Zum Thema Doppik gibt es für nahezu jedes Bundesland spezielle Internetseiten, die die Umsetzung der Haushaltsreform im Bundesland begleiten. Diese sind zum Teil bei den Internetangeboten der Innenministerien angesiedelt, zum Teil aber auch eigenständig:

Für Brandenburg z.B.: *http://www.doppik-kom.brandenburg.de*
Für NRW z.B.: *www.neues-kommunales-finanzmanagement.de*
Für Rheinland-Pfalz: *http://www.rlp-doppik.de*

Hier finden sich zum Teil auch zusätzliche Material- und Informationssammlungen.

Ergänzend stellt die Heinrich-Böll-Stiftung in einem Themenpaket zum neuen kommunalen Finanzmanagement Artikel und Links zur Verfügung:
http://www.kommunale-info.de/index.html?/asp/ThemenpaketAnzeige.asp?ThemenpaketId=1008400

Zum Thema wirkungsorientierter Haushalt ist u.a. ein Praxisbericht aus der Stadt Brühl von Interesse, wo auf den Einsatz der neuen Instrumente »Zielvereinbarungen« und »Kennziffern« gesetzt wurde:
http://www.neues-kommunales-finanz management.de/html/img/pool/2_2008-03-25-Br_hl-KennZ-Bericht.pdf.
Interessant ist darüber hinaus auch das Internetprojekt *www.kommzuk.de*, wo eine Datenbank zu Zielen und Kennziffern angelegt werden soll.

Vielfältig ist auch die Internetliteratur zu »Bürger- und Beteiligungshaushalten«.

Die Bundeszentrale für politische Bildung stellt auf einer gesonderten Seite die verschiedensten Beispiele und Formen von Bürgerhaushalten in Deutschland dar: http://www.buergerhaushalt.org/

Als Praxisbeispiel soll hier insbesondere die Umsetzung in Berlin-Lichtenberg hervorgehoben werden: http://www.buergerhaushalt-lichtenberg.de

Darüber hinaus findet man im Internet auch zahlreiche Informationen zum Thema »Gender Budgeting« und dessen Umsetzung.

Gender Budgets: http://www.gender-budgets.de/

Gender Kompetenzzentrum mit Hinweisen zum neuen kommunalen Finanzmanagement: http://www.genderkompetenz.info/genderkompetenz/handlungsfelder/haushaltbudget/

Gender Budgeting in der Verwaltung – Beispiel Berlin: http://www.genderkompetenz.info/genderkompetenz/handlungsfelder/haushaltbudget/

Nicht zuletzt noch der Hinweis auf die Angebote der Kommunalakademie der Rosa Luxemburg Stiftung:

www.kommunalakademie.rosalux.de

http://kommunalblog.rosalux.de/